為自己，再勇敢一次

日一練習，
100天揮別恐懼感，喚醒全新的自己

著 安妮‧唐絲
Annie F. Downs

譯 尤可欣

100
Days
to
Brave

在接下來的 100 天中，
你會證明你比你自己知道的更勇敢，
帶著這份覺知，改變自己的世界。

To _____

_____

_____

From _____

Content

PART 1 勇敢開始

PART 2 勇敢做自己

| 專文推薦 |

一點一點看見自己的勇敢

王雅涵

　　心理師的工作中，不斷的在傳遞自我價值的重要性，我們常常告訴個案，你可以成為掌控自己生命的人。其實這和信仰一點都不衝突，因為信仰也是在告訴我們，神看你為美好，真正卡住你的是你的信心和你的眼光，你不是沒有選擇的，你是被愛的，有耶穌就有路走。

　　在工作中，我不會「傳福音」，但我會努力的活出美好，從小到大每週去到教會，和不同的人連結，我可以經歷到神各種的樣式，看見神對每個人生命的計畫，這種耳濡目染的信仰生活，成為我度過大小困難一個很穩固的確據。

　　每個人每一天都會經歷各樣大小事情，但有些人平安渡過，有些人卻像是被打落谷底般，覺得天天都是水逆。但其實我們內心都知道，沒有什麼逆不逆的問題，一切都是來自於我們怎們面對，我們擁有怎麼樣的支持力量。

　　有些人常會開玩笑的說，基督徒不知道天天在那邊感謝主什麼，到底跟主有什麼關係？我想，這其實是一個保持感恩的心態，當我們對於每件事情開始學會感恩，你會發現一切不再是這麼理所當然，而其中最重要的感謝是對神、對人、對自己，在每一件大小事中，去尋找到美好，去尋找到勇氣，你將

會越來越有力量。

　　一個有信仰的人和沒有信仰的人差在哪裡呢？其實在你還沒認識神之前，神就已經愛你、拯救了你，所以這差別也許只有在你是否已經「回家」，所謂的回家就是你相信有一個創造世界的造物主，他是你爸爸，所以你有一個很尊貴的身分，你是有後台的人，你有爸爸在罩你。你依然會軟弱會不足，但當你學習把眼光放在神怎麼樣看待你的時候，你就會更加的信賴天父，成為更加美好的你。

　　但這說得容易，實際上卻很難，一切關乎於「信心」，當我的生活過得亂糟糟，當我一切都這麼不美好的時候，我還相信有神嗎，我還相信這個信仰真的是我的幫助嗎，我還能相信自己有價值嗎？我還能擁有勇氣嗎？也許跟著這本書，一起練習100天，你可以培養出信心，成為勇敢做自己的人。

　　怎麼樣的人擁有勇氣呢？其實是每一個人，天父在創造我們的時候就給予的，只是有的時候，我們覺得自己不那麼足夠、不那麼敢前進，也不那麼光鮮亮麗。天父給我們的大使命是：「去，使萬民作我的門徒。」這其實就是一件很需要勇氣的事情，那不是口號，而是需要我們落實生活中的彼此相愛，去愛不可愛的人，去透過生命改變傳福音，讓人們在我們身上看見天父的樣式。

　　既然天父是勇敢的，那我們也就是勇敢的；既然天父是美好的，我們又是照著他形象所造的，那我們也都是美好的。透過這本書，你可以在100天當中，一點一點的看見自己的勇

敢，一點一點的學會做自己，成為天父眼中那個美好的你，然後有勇氣、有行動力，跟著天父耶穌聖靈一起去愛。

本文作者為諮商心理師

FB粉專「心理師的歡樂之旅」版主

大得賞賜的勇敢

周麗珠

> 你們不可丟棄勇敢的心；存這樣的心必得大賞賜。
>
> ——希伯來書10:35

這20多年來，我在教會進行醫治釋放禱告服事時，看到退縮、緘默、愁煩、逃避、膽怯、憂慮、懷疑、自卑、受折磨、受掌控、過度不安……等各式的恐懼與囚禁，我常常為我的姊妹們心懷不捨。我總是很想把她們尋求人的手，轉向改搭在早就等候要幫助我們的上帝手中。

我巴不得每一個人都可以緊貼上帝的胸懷、聽到祂微小的聲音：「我的孩子，是我！我是與你立約的上帝！我認得你！你的躊躇、你的呼求、你的眼淚……再再敲在我的心上。因為我愛你！即使你還在不信的泥濘裡打滾，縱然你仍悖逆掩耳不聽，我也不會永遠懷怒；我只要你從罪中轉回，好讓你可以在我的聖潔中與我相遇、享受我的同在。你放心，我是信實的，你永遠都是我的焦點，你只要單單依靠我，你是安全的、你是被保護的、你會跨越所有恐懼的桎梏，領受我要給你的勇敢與應許。」

當我打開本書，在 Day 1 中讀到：「所有那些讓我最恐懼的時刻……卻為我一生中最大的改變敞開了大門，我踏出了一

步，同時也相信神會以全新且美妙的姿態在另一邊等我⋯⋯祂一直都在。而祂也會為你這麼做。」（見23頁）

我的心裡有深受撞擊的迴響。難得有人既可以清晰詮釋真理，淋漓盡致地分享自己的生命歷程，又可以手把手地逐一牽引我們一同操練勇敢的心、一同領受上帝的大賞賜。

我欣喜地讀完這本書，珍惜作者分享的坦誠。我聯想在我牧會的年歲中，曾經有多少個恐懼戰兢的時刻，同時卻也經歷不可思議的大賞賜。每讀一篇，我的腦海裡隨即可以連結許多人的生命典故，印證作者的論述。例如 Day 18 說：「你是否有足夠的勇氣全心相信神會展現奇蹟？禱告是一個神奇的機會，讓我們與最偉大的存在直接產生連結，而為了你自己去認清這一點，是需要勇氣的。」（見63頁）

躍入我腦中的畫面是當我面對重病纏身、手術出意外，好像一條腿已經踏入鬼門關的人，手術室裡的醫療團隊成員對家屬歉疚地鞠躬、請家屬安排後事的當下，我硬著頭皮、全心依靠主，勇敢帶著家屬同心禱告。其後，接二連三地看見主一步步施行醫治、展現奇蹟。

Day 54 說：「如果所有這些『Yes』讓你感到不安或害怕，請放心，當你尋求神的指引，祂會聽見⋯⋯用每一種方式、每一個你擁有的機會，對耶穌說『Yes』。」（見143頁）那一年我面對尼姑帶來被家人棄絕、被惡鬼挾制、廟裡無法安置的貧窮女孩，尼姑詢問教會接不接受她留下來時，我知道回答「Yes」是需要勇氣的，但我更知道上帝愛她，上帝會負責到底。

爾後，她被上帝醫治、認真工作、存下人生第一筆定期存款，看她笑開懷時，我感謝上帝讓我有勇氣對耶穌說「Yes」。

Day 84 說：「勇敢的人用神的話語將愛說進人們的生命裡。勇敢的人讓神愛他們，並且知道他們有各種能力用自己的話語來表達愛。」（見214頁）這讓我想到我陪伴過癌末的桂林姑娘，她遠在國外的媽媽說：「我們那裡的規矩，是出嫁的女兒死了不能葬在娘家。你給她在台灣找塊墓地吧！」

我勇敢說：「好！」在她的生前告別式中，大家不捨她的崎嶇人生路，也感動主愛的澆灌與更新。她親口見證一生最快樂的時日，是受洗成為基督徒，有主愛，有姊妹們愛，也活出彼此相愛的生命。這「愛」使得來台見最後一面的媽媽與姊姊都因她從抵擋福音到受洗歸入基督。

愛是如此地有能力！我們會有能力供應愛，乃是因為我們與耶穌愛的源頭連上線。我們享受耶穌、領受耶穌、見證耶穌、分享與供應耶穌，勇敢地將愛說進人們的生命裡。

親愛的朋友，這是改變的關鍵時刻！讓我們從懵懂無知、裹足不前的景況中覺醒吧！讓我們心頭洶湧的恐懼害怕的負面情緒，停了吧！止了吧！透過勇敢做自己的100天練習，主要施行修剪、裹傷、醫治、修復，主要繼續在我們的生命中施工。你不要懼怕、不要驚惶、不要喪膽，應許與我們同行的是愛我們愛到底的上帝！

本文作者為台北真理堂牧師

| 專文推薦 |

掌握人生關鍵，勇敢御風翱翔

郭約瑟

人生有如放風箏（每個人都擁有自己專屬的獨特風箏）的過程，開始時你需要判斷風的方向，一邊勇敢逆風往前跑、一邊帶著勇氣將手上的控制繩迅速地鬆開，你要風箏飛多高，就需要跑多快、跑多遠（書中第1、2部）。一旦風箏高飛遠颺，要能維持不墜，最重要的是你得透過掌握在手中的繩，讓菱形風箏的四個角維持平衡，才能放心自由隨風搖曳。

人生要能維持平衡，根據德國精神科醫師暨心理治療師諾斯拉特·佩塞基安（Nossrat Peseschkian）所提，必須均衡發展的四個領域，分別是：

- 身體，主要是健康，包括身體及精神健康（書中第2部「勇敢做自己」、第8、9部「傷痛和療癒」）。
- 心理，主要是成就感，包括工作（第5部）、各式樣有形或無形的成就、責任、奉獻與付出（第10部）。
- 靈性，主要是信念，包括未來（第12部「選擇」）、想像、意義及目標（第7部「改變」）、夢想與使命（第4部）、信仰（第3部「相信神」）。
- 關係，主要是愛（第6部），對自己（第2部）、家庭及

社群彼此之間的愛。

這本書有如現代版《荒漠甘泉》，從聖經摘取智慧，當成精華版的人生操作手冊，目的就是要教導我們如何在100天內，學會上述四種領域的重點技巧，得以平衡人生、御風翱翔。書中每篇都有經文導引、內容也相當精簡，在其中留下許多思考空間，等待你投射內在思緒、記憶、想像、重整及找出屬於自己有用的信念，並在生命中活用。

一位法利賽人來見耶穌，想了解耶穌為何能行神蹟，結果耶穌和他談到過去所未曾聽聞的重生之道，耶穌回答著：「我說：『你們必須重生』，你不要以為希奇。風隨著意思吹，你聽見風的響聲，卻不曉得從哪裡來，往哪裡去；凡從聖靈生的，也是如此。」（約翰福音3:7-8）

人生的風箏要能遠颺高飛，單靠自己是做不到的，耶穌談話的重點有兩項：重生，以及如風的聖靈。

如果我們的人生不順遂、走錯方向（失去平衡），就必須先停下來休息（感受傷痛及療傷）、思考（是否過於偏重成就？關係？健康？想像？）、求助（尋求各種資源）與學習正確的方法（平衡發展各領域的訣竅與潛能），置之死地而後重生；要能再度勇敢地順利啟航，也必須謙卑認知到，只有透過無形卻也無處不在的如風聖靈（透過周遭無數的助人天使），我們才能真正安穩地度過精彩的人生，甚至加入助人天使的行列。

此書所指引的道路，看似簡單，卻隱含深邃的人生智慧，

不僅適合個人閱讀、思索,也適合讀書會研討,集合眾人的人生故事與智慧,加上書中的指引,必然能得到更豐碩的收穫。有幸能搶先閱讀、並提筆做序,感到榮幸,也希望讀者大眾也都能在100日內順利練成「御風而行」之術。

本文作者為羅東聖母醫院精神科醫師

寫在前面

親愛的朋友，這對我來說很重要，因為你在這裡。現在的你正在經歷一種我常常會感受到的感覺——生命應該比「這樣而已」還要多一些，雖然你的「這樣而已」可能與我的「這樣而已」很不同，但事實上都是一樣的。

所以，我很高興你在這裡。希望你能一直堅持到最後，因為這裡有適合你的東西。這是一個邀請，請你去追逐一種需要更多勇氣的生活，至少保證會帶給你更多的愉悅，而不僅僅是「這樣而已」，甚至也有可能讓你的一切都發生轉變，那就真的太棒了。

我希望你手邊有一本日記，或者會去買一本日記，一起來撰寫有關自己每一天生活裡的故事。這100天的紀錄對我來說很特別，希望對你也一樣。我整理了一些自己最喜歡的、關於勇氣和膽識的想法，並將它們與過去幾年來神、生命和人們教給我的許多新的想法融匯在一起，我想，當這些與你自己的生活、與神為你所做的一切結合，對你而言可能會是一段非常有趣的旅程。

我知道我現在不是真的在你身邊，但我的心與你在一起，

你可以把我當作一個在咖啡館裡坐在你對面的朋友，就在這裡，正與你一起聊天，並在你走向勇敢的自我這條道路上與你一起思考。我為你加油。

★ 編注：本書的聖經名詞（如章名、人名等）在全書正文首次出現時，以基督新教、天主教通用譯名對照的方式呈現，以便雙方讀者閱讀。另外，書中採用的聖經譯本為《現代中文譯本 2019 版》。

PART.1

勇敢開始

你總是勇敢無畏

Day 1

什麼是勇敢？

我是上主 —— 你的上帝；我要賜給你力量。我告訴你：不要怕，我要幫助你。

——以賽亞書（依撒意亞）41:13

勇敢，那是什麼？事實上，既沒有公式也沒有準則可以定義它。

雖然聖經中能找到指引，但除此之外，「成為勇敢的人」其實是一段有機和靈性的過程，對每個人來說，都是一趟獨特的旅程。

我不會說「這就是勇敢的樣子」或「如果要影響周圍的人，你可以做這些或那些冒險的事」。我認為那行不通，你不需要我告訴你該怎麼做，我想你知道這一點（或者你現在還不知道，但未來你會知道的）。我認為你只需要做一些暖身練習，或感受一些熱情激動，並了解你手上拿著的這張地圖。

在接下來的100天裡，我想向你證明你比自己所知道的更

加勇敢，而有了這個認知當你的後盾，你將改變自己的世界。

> 勇敢的人並不是不會聽到恐懼的耳語。他們聽到了耳語，但還是採取行動。

勇氣是去做一些事，即使它們讓你感到害怕。成為勇敢的人並不是讓你變得不再害怕，勇敢的人並不是不會聽到恐懼的耳語，他們聽到了耳語，但還是採取行動。

勇敢是在你腦海中聽到恐懼的聲音，但仍然說：「好吧，但神刻意這麼安排一定有祂的目的。」

我可以告訴你，所有那些讓我最恐懼的時刻──在恐懼巨大的壓力下，我幾乎懦弱得想放棄了──卻為我一生中最大的改變敞開了大門，我踏出了　步，充滿著恐懼，同時也相信神會以全新且美妙的姿態在另一邊等我。到目前為止如何呢？祂一直都在。

而祂也會為你這麼做。

告訴一個人（朋友、配偶、同事、導師）你已經開始 100 天邁向勇敢生活的旅程。

Day 2

為什麼要勇敢？

你不要把為我們的主作證當作一件羞恥的事，也不要因我為了主的緣故成為囚犯而覺得羞恥。你要按照上帝所賜的力量，為福音分擔苦難。上帝拯救我們，呼召我們作他的子民，並不是因為我們有什麼好行為，而是出於他的旨意和恩典。他在萬世以前就藉著基督耶穌把這恩典賜給了我們。

—— 提摩太（弟茂德）後書 1:8–9

　　我前往夏威夷檀香山，要在一個會議上演講。某天下午，我走進凱魯瓦（Kailua）的星巴克想要寫些東西，卻發現沒有一張桌子有空位，我又想不出有什麼其他的地方可以讓我坐下來寫東西，所以乾脆先排隊買飲料。

　　就在這時一張桌子空出來了，在一對來度假的夫妻和三個皮膚黝黑俊俏的衝浪者之間，那些衝浪者正談論著他們自己的婚姻——讓我馬上從幻想中抽離——你們懂的，他們已經有妻

子了。

我開始把東西從包裡拿出來，但由於距離的關係（桌子真的靠得很近），我的注意力忍不住又回到他們的談話中——我聽到他們正在談論關於絕對真理、神是絕

> 看到別人很勇敢，我也想變得勇敢。

對唯一的話題。我突然意識到自己正看著其中兩個人向第三個人分享關於耶穌的故事。

我的心跳開始加速，談那樣的話題需要勇氣，而分享你親身的故事更需要膽量。我知道也許你覺得我太戲劇化，但聽我說，那個男的正聽著「耶穌是唯一」的論述，他的生活也許會從此改變、未來也會永遠不一樣，只因為那兩個衝浪者足夠勇敢，說出他們所知道關於耶穌的事。

看到別人很勇敢，我也想變得勇敢，這是一種骨牌效應。

當我一邊聽著他們的談話，一邊覺得自己內在也開始有了分享我自己的故事的渴望——這就是為什麼你會看到一些理智的成年人願意跳下迴旋滑水道的原因，因為他們想向孩子們展示那並不可怕。

這也是為什麼我們必須開始、我們必須先往前走、我們必須勇敢的原因，因為這樣，別人才會受到鼓舞，並與我們一起鼓起勇氣。

我們之所以勇敢，是因為我們本來就註定勇敢。

但成為一個你註定要成為的人有時會讓人害怕，那似乎並不是件容易的事，事實上確實也不容易，但我們為此而生，就

像今天的經文所說的，我們身負神聖的任務。為什麼要勇敢？因為當我們有足夠的勇氣分享生活中關於神的故事，就會改變我們周圍的人。當我們分享，就會改變我們自己。

回想自己的這一天。你從哪裡可以看出神為你做了些什麼？或特別為你出現？把這些分享給別人。

Day 3

你比你知道的更勇敢

假如你們徬徨路上，偏左或偏右，你們會聽到背後有
聲音對你們說：「這是正路，走上去吧！」

—— 以賽亞書30:21

2007年10月，我開始覺察到自己的心裡有些東西不太對
勁──這是我能夠找到最恰當的描述方式。這種奇怪的感覺持
續出現數週後，我覺得自己真的必須認真禱告並請神指引我，
我覺得自己似乎該做出改變，只是不知道要改變什麼。

所以我問了神，而我心裡一直聽到一個聲音說：「是時候
要遷移了，搬到納什維爾（Nashville）。」經過幾個月的掙扎
後，我真的這麼做了。

整個開車的路途中我都在哭，整整三個半小時，雖然現在
我知道自己當時並不是跨越半個世界前往另一個城鎮（還沒），
但這個喬治亞女孩已經比她作夢能想像的還要離家更遠。

朋友，你要知道，我從不曾覺得自己勇敢，也從來沒有一

刻會突然產生那種極端的勇氣，或是相信自己做的這個決定會是最好的，我只是一步一步往前，辭掉我的工作、賣了我的房子、收拾好我的物品、一直往北邊走直到越過州界、直到看見納什維爾天際線的地標 —— 蝙蝠俠大廈——才停下來。

> 我從來不覺得自己勇敢，我只是持續去做下一件事、邁出下一步、對接下來的事說「Yes」。

我不想用自己在搬家後頭幾週（好啦，其實是好幾個月）又哭泣又咬牙切齒的故事來煩你，但那過程實在太糟了，既痛苦、又孤獨。

我能再說一遍嗎？我從來不覺得自己勇敢。但是，日復一日，我只是持續去做下一件事、邁出下一步、對接下來的事說「Yes」，而神在納什維爾為我建立了一個我自己作夢都想像不到的生活。我可能沒有勇氣，但我順著神的旨意，踏出勇敢的步伐。

如果你坐下來告訴我關於你的故事，我可以指出你已經在哪裡做出許多勇敢的選擇，即使你自己並不這麼看待它們，你可能已經做得比你想像的要多，你比你自己知道的還要勇敢。

 勇 氣 練 習 ....

回想一下自己的生活，記下兩件或三件關於你自己或其他人可能會認為勇敢的事件。

Day 4

尋找勇氣

> 議員們看見彼得和約翰那麼勇敢，又曉得他們是沒有
> 受過什麼教育的平常人，十分希奇，就領會到這兩人
> 原是跟隨過耶穌的。
>
> —— 使徒行傳（宗徒大事錄）4:13

每天我都可以聽到一個又一個關於勇氣的故事。

你們傳電子郵件和簡訊給我，在網站上分享你們自己關於勇氣的故事時還會標記我。當我巡迴全國向不同團體演講時，你幾乎無法想像我會聽到多少關於勇氣的故事。

每次我都會想，啊！我真希望每個人都能聽到這些！

在你的生活中、你所愛的人的生活中，或是你所看到、讀到或聽到的任何藝術創作中所展現的勇氣，似乎可以發揮某種超級力量。當我們看到世界上存在著勇氣就會受到激勵，不是嗎？我認為，這就是為什麼我們不僅要分享我們的勇氣，還要積極地尋找它。我知道你的朋友中有些人就像我一樣，在日常

生活中其實比他們自己所認識的自己更加勇敢。

環顧四周，你看得到勇氣嗎？它出現在你照鏡子時所看見的臉上？還是出現在你與眾人聚會時那些人們的臉上？

誰在展現勇氣？與疾病奮戰的人？儘管恐懼仍採取行動的人？追逐夢想的人？你在家人身上看過怎樣的勇敢時刻？在你自己的生活中呢？或是在你的朋友中又是如何？

你曾讀過一些聽起來很勇敢的事跡嗎？你是否看過一部讓你想起勇氣的電影？勇氣一直都存在於藝術中（我指的不只是梅爾吉勃遜主演的電影《英雄本色》，儘管我熱愛蘇格蘭，而且這部電影確實啟發了很多人）。有時候，我甚至會尋找與我目前正在苦惱的事情有關的電影或書來看，

> 當我們看到世界上存在著勇氣就會受到激勵，不是嗎？

而最近，隨著我與住在另一個城市的男人之間開始發展的一段新關係，我讀了一本講述在遠距離下維持夫妻關係的書，我需要他們的勇氣來提醒我自己也要勇敢。

我想，當你去聽別人的故事時，就好像聽到你自己的故事，會讓你意識到自己其實比自己認為的還要勇敢，我們會互相加油並看到彼此的勇氣，而我們會因此而勇敢。

 勇氣練習 ....

當你看見了勇氣，也告訴自己要勇氣一點。

Day
5

先開始再說

掃羅（對大衛）說：「好，你去吧！上主與你同在。」

——撒母耳（撒慕爾）記上 17:37

　　我認為寫作時最困難的就是面對空白頁或空白的電腦螢幕。據說要成為一名作家，你的一生中每天都要寫作。你還記得那種感覺嗎？當你有論文要寫或是要交作業時，你知道自己可以完成，只要……可以讓自己……先開始。

　　無論是寫書、開始一個五公里的跑步訓練，或是其他任何夢想，開始邁向一件事的這段旅程——我不知道對你來說是什麼事——它並不是一個通往勇氣的旅程。當你邁出第一步、開始啟動的那一刻，之前早已種下的許多勇氣種子，就會開始在你心中萌芽。你並不是出發去尋找勇氣，它早在你裡面，而現在正盛開，在你的旅途中與你同在，讓你對那些你覺得恐懼的事情說「Yes」。

　　那些勇氣的小種子已經在你的心中成長了幾週、甚至幾

年了，然後，在某一刻，你的心開始敲打著不同的節奏，而現在，你已經準備好邁出勇敢的第一步。我的朋友，你只需要一

> 邁出第一步的那一刻，小小的勇氣種子就開始在你心中萌芽。

個起頭，是否有些事情一直在你心裡喃喃細語，也許對你來說需要的只是記個重點、唱首歌、打個電話、和別人聊聊、編撰故事、寫張支票、預訂旅程、送出電子郵件、出去赴約、讀一本書、報名。

　　我試著盡量列出更多選項，但你知道，神為你在生活中所做的比我好多了，所以，是時候在神面前靜下心來，並問祂如果今天就要過一種充滿勇氣的生活，該怎麼做。

　　先開始再說。

 勇 氣 練 習 ....

如果今天就要踏出勇敢的一步幫助你開始，那會是什麼樣的事？

PART.2

❖

勇敢做自己

這個星球真的需要你
做自己，好嗎？

Day 6

你相信的謊言

> 女人回答：「園子裡任何樹的果子我們都可以吃；只
> 有園子中間那棵樹的果子不可吃。上帝禁止我們吃那
> 棵樹的果子，甚至禁止我們摸它；如果不聽從，我們
> 一定死亡。」蛇對女人說：「不見得吧！你們不會死。」
>
> —— 創世記 3:2-4

夏娃是第一個被話語欺騙的女人 —— 但不是最後一個。神說了一件事，撒旦說了另一件，夏娃卻落入撒旦的謊言。

罪惡和恥辱進入了我們的世界，耶穌為此以自己的生命付出了代價。你看，每個人都在努力將真理與謊言區分開來，但如果你的頭腦中充斥著混亂和虛假的故事，那麼就很難相信真理，而撒旦一直試圖抹殺、偷竊和摧毀真理（約翰福音10:10）。

撒旦是個騙子。我知道你懂，但我想再說一遍：牠是個騙子。牠想定義你、給你貼上標籤、阻止你勇敢地去做神為你安排的工作。

　　當撒旦欺騙你時（例如說你「完全沒才能」），你便開始在腦海中盤旋著這樣的想法：她在這項工作上做得比我更好、我絕對是這個辦公室裡最蠢的人。

> 如果你的頭腦中充斥著混亂和虛假的故事，那麼就很難相信真理。

　　很快地，這些對自己的謊言慢慢變成對他人的謊言（「你見過新的辦公室經理嗎？他啊，並不是很聰明……」），這都是因為你受到傷害而且沒有安全感。

　　你聽到一個謊言，把它視為真理，然後這個謊言就開始像個標籤一樣定義了你，而你也真的照著這個標籤的定義去行動。

　　這是一個惡性循環，只能靠龐大劑量的真理——真正的真理來醫治，這就是為什麼我愛聖經，在神的話語中，已經給你所有你需要的標籤，而那些都是我們學習如何善待自己和彼此的方法。

　　朋友們，現在是時候停止聽信撒旦的謊言和標籤了，這樣你才可以聽到真相。

 勇　氣　練　習 ....

閱讀聖經中「大衛和巨人的故事」（撒母耳記 17:1）。別人給大衛貼的標籤是什麼？哪些是真的？

Day 7

讓你自由的真相

耶穌回答:「聖經說:人的生存不僅是靠食物,而是
靠上帝所說的每一句話。」

—— 馬太(瑪竇)福音 4:4

　　耶穌在荒野中受到誘惑的故事其實包含了許多含意 —— 這些都是我們可以談論的話題,包括關於神的恩賜、聖經的力量,以及關於誘惑。當我們思考如何能夠更勇敢時,這個故事也可以作為另一個關於真理與謊言、以及相信真理就能產生勇氣的範例。

　　當時耶穌親身遭遇了撒旦的誘惑,與敵人面對面,但耶穌起身反抗謊言,並訴說了當時真實的情況,耶穌知道事實,而且相信真理。每次撒旦向耶穌丟出一些狀況,他都以聖經來回應,耶穌一再提醒撒旦故事真實的來龍去脈。

　　神的話是讓你自由的真理,如果你心中充滿祂的話,真理就會使你勇敢。

透過聖經中的逐頁逐句，神已經說明了你是誰，你可以相信自己就是祂所說的那個你，也可以相信

> 相信真理永遠是一種選擇。

聖經就是真理，而且無論如何你都深深地被愛著。你願意勇敢地相信祂嗎？

相信真理永遠是一種選擇。在每一種情況下、在每一次的對話中，以及每當你開始批評自己的時候，你都可以選擇為真理而戰或屈服於謊言。

當你開始了解自己就是神所說的你，而不是別人口中所說的你或你自己所相信的你，就會產生無比的力量。

讓我告訴你關於我如何相信了真理以及它如何改變我的生活，我自由了，我可以敞開心去生活、說話、愛，因為我相信我就是神所說的我，我的不安全感被撫平了（並沒有消失，但更安寧），我的煩惱變得更沒有分量（並不是沒有重量，但更輕鬆），而我的心更飽滿了，因為我知道神對我的感覺。

勇 氣 練 習 ···

將以下這個禱告抄寫到你的日記中（或寫一個你自己的禱告）：神啊，請告訴我真理，告訴我我是誰，我在聽著，我想擺脫謊言得到自由──請幫我，釋放我，讓真理像瀑布一樣來到。

Day
8

你不是一個錯誤

我頌讚你，因為我受造奇妙可畏；你的作為奇妙非
凡。我心裡深深領會。

——詩篇（聖詠）139:14

　　我變喜歡一些電視廣告提醒我們要相信自己、要有自信、
知道我們可以完成任何我們想做的事。你應該也看過我說的那
種廣告，例如一位NBC明星坐在沙發上，對著鏡頭說：「你
記得自己曾經有過的所有夢想嗎？你可以實現它們，相信你自
己。」然後螢幕上劃過一顆星星，並響起「叮叮叮叮」的聲音。
然而，當你知道的愈多，你就會了解愈多。

　　我確實了解到的一件事情就是：我不應該那樣地相信我自
己，至少不是用那些廣告所說的方式來相信我自己。我做我自己
已經有一段足夠長的時間，讓我知道自己其實不是一個那麼值得
信賴的人。我搞砸了事情、我傷了人們的感情、我太在乎某些事
而對其他事不夠關心。

我迷失過自我，我也並不完美，我不會想把我的希望或信任寄託在像我這樣錯誤的人身上。因此，儘管我很感謝電視廣告說的那些話，但我不認為那是完全的真理。

> 我知道即使自己犯了許多錯誤，我的存在仍然不是一個錯誤。

我所相信的，是神創造的我以及神能夠創造的我，我相信祂是刻意創造出這樣的我，而且在創造的過程中沒有犯任何錯誤，這讓我感到勇氣十足。而這也激勵我要勇敢──我知道即使自己犯了許多錯誤，我的存在仍然不是一個錯誤。你也一樣可以從這當中找到你的勇氣。

也許你的父母從未結婚就生下你，也許你生下來就看不見、聽不到，或者你的四肢殘疾，不論是什麼狀況，你都不是個錯誤，神沒有犯錯。

我了解自己的習氣和恐懼，也知道我的天賦和希望，而正是在這些強弱特質交會的時刻，我發現神常常因為我做出勇敢的選擇而歡呼。

我們可以信任神是如何創造出我們的，因為祂說我們是既會害怕卻又美好的造物，但僅仰賴我們自己，是無法完成生命或變得勇敢的。

 勇 氣 練 習 ....

提醒你所愛的人──朋友、夥伴、孩子、配偶，告訴他們，創造我們的時候，神並沒有犯錯。

Day 9

你的心

主啊，你是滿有慈悲憐憫的上帝；你不輕易發怒，有豐富的慈愛和信實。

——詩篇 86:15

　　神愛你，而且祂很喜愛這件事。我很喜歡這個想法。每當我呼吸一口氣，每當我的肺將血液拍打入心臟時，神就又一次展現出祂愛我，祂就是那麼擅長這件事。

　　我們這位神，透過呼吸將生命力注入你的生活，無論你做過什麼事或去過哪裡，祂都對你充滿了愛。對於像我這樣容易把事情搞砸且帶著罪惡感的人來說，知道神極盡所能來愛我，感覺真的非常好。

　　想想這個事實：透過耶穌，在神的眼裡你就是聖潔的、被揀選、深愛著的。哇！這個事實也讓我的恐懼（那些不斷告訴自己是孤獨、不值得愛、沒價值的耳語）——安靜下來，並且讓我感到勇敢。

讓神進入你的心，讓祂進入那些狹小、充滿受傷、孤獨和恐懼的地方，讓祂愛你、帶領你、使你成為祂計劃中勇敢的人，我保證這趟冒險將是你一生中最偉大的一件事。

當我完全不被愛、不值得愛的時候，神還是愛我；在我陷入最深的罪惡之淵、在我因為叛逆躲在最

> 我們這位神，將生命力注入你的生活，無論你怎麼樣，都對你充滿了愛。

遠的角落、在我最憤恨的時刻，祂還是選擇愛我。以前的我曾經是個離經叛道的龐克族，而不幸的是，直到現在我偶爾還是會延續龐克的習性，但祂愛我的每一個部分 —— 愛我的所有。我怎能贏得這樣的愛？我不配，但我沉醉其中。

所以我盡我所能一點一點去愛祂，而你也可以這麼做。實際上該怎麼做？嗯，其實就是鼓起勇氣，虔敬地回應神為我們的生活所作的選擇，那就是回報祂的愛。

你從來都不敢去追求的事物，祂是不是給了你熱情？你喜歡唱歌嗎？唱首情歌給神吧；你喜歡寫作嗎？寫一本關於你愛神的書；你喜歡跳舞嗎？畫畫？運動？照顧孤兒或老人？無論那是什麼，擁抱神愛你並且選擇了你的事實，鼓起勇氣，善用這些熱情去實踐你對神的愛。

 勇 氣 練 習 ....

你知道自己的心如何回應神的愛嗎？

Day
10

你的腳

凡說自己住在他裏面的,就該照着他所行的去行。

—— 約翰(若望)一書2:6

　　我還蠻愛自己的腳,不像那香腸般的手指,我的腳趾頭很漂亮、形狀很好。我喜歡做腳部護理,事實上,我一直在猶豫要塗哪種顏色的腳指甲油,目前認真考慮用有光澤的鮮黃色。

　　我想要塗這個顏色已經有一段時間了,但好幾次我的朋友們都強迫我離那顏色遠一點,他們推薦其他顏色,如各種粉紅,然而我再也抵擋不了塗黃色的衝動,決定將這個顏色視為一種勇敢的選擇,可以嗎?

　　小時候我幾乎一直穿著網球鞋,身為一個足球運動員而且又是一個男人婆,我總是仔細挑選鞋子,而網球鞋是一個安全的選擇——它們安穩服貼(與鬆鬆垮垮隨時可能飛出去的拖鞋不同)、舒適(與大多數的高跟鞋也不同),而且非常耐穿,實際上當我現在想到它們,仍然覺得非常喜歡。

我們的腳穿上網球鞋可以去做許多令人驚奇的事，但我們的雙腳真正能夠用來榮耀神的方式之一就是引領，引領人們去過豐盛的生活，並與神建立真實的關係，使人們遠離罪惡和導致痛苦的選擇。用你的生活方式引領人們。

> 你的雙腳真正能夠用來榮耀神的方式之一，就是去引領人們。

對許多人來說，要去領導任何人或任何事物都讓他們感到恐懼；而對另一些人來說卻感覺很自然，似乎是一種最好的選擇，但無論你是哪一類型的人，用雙腳帶領他人都需要勇氣。

從長遠來看，你需要記住一件事：無論你是塗上鮮黃色的指甲油、幫老人家割草、在印度幫街頭流浪的兒童洗衣服，你都讓自己的雙腳走在一條耶穌所走的路上了。去服務吧，因為神對我們的愛如此偉大，讓我們也可以愛並引領他人，而且我們無須害怕，我們可以勇敢。

所以邁開步伐開始往前走，開始和別人聊聊，帶著勇氣，讓你的腳帶領你走上這條神所賜給你的道路。

 勇 氣 練 習 ....

你已經帶領人們到了哪些地方？為他們感謝神，並向祂尋求更多引領的機會。

**Day
11**

你的頭腦

不要被這世界同化，要讓上帝改造你們，更新你們的
心思意念，好明察什麼是他的旨意，知道什麼是良
善、完全，可蒙悅納的。

—— 羅馬書 12:2

　　這一刻在你的的腦子裡想著什麼？而就在現在這一刻，我腦
海中浮現了這些想法（我知道你急著想知道那是什麼）：我好像
認識那個剛走進這間咖啡店的人、這杯拿鐵的味道不是我喝過最
好的、無線網路為什麼不能用？那傢伙長了很多鬍鬚……才一瞬
間，我就想了很多。

　　身體的一切都取決於頭腦的運作。大腦是核心器官，你可以
進行心臟移植、腿部或手臂移植、甚至進行肺臟移植，但是沒有
什麼能替代神賜給你的大腦。而頭腦裡的想法也只屬於你自己。

　　我們的想像力是很驚人的。你想想看：每本書、電視、表
演、電影、歌曲、家具的每一個細節、街道的設計、一雙夾腳

拖鞋……一切事物，都曾經只是個想法，只是某個人腦中的念頭。你的大腦是如此重要，各種

> 一切都取決於頭腦的運作。

數學方程式、著名語錄、童年的歌和時尚品味都存放在這裡，所以保護它非常重要。

　　你的頭腦是一個容器，而且是一個非常脆弱的容器，因此，勇敢便意味著要採取措施去保護它。有很多事情會填滿它，這是你頭腦的本性，但要填入這個容器的內容，由你決定。

　　讓事物進入頭腦的門戶是什麼？你的眼睛、耳朵，而這些都是你需要守護的地方。所有你聽到和看到的都會影響你的大腦（和心），因此，有智慧地接收外在訊息，就顯得非常重要。

　　另外，你的頭腦可以為你做很多好事，好好善用它——創造美麗的事物、實現一些偉大的想法、愛那些在你腦海中浮現的人們。如果神將一個想法的火花送入你的頭腦，你應該鼓起勇氣去實現它（相信那些火花，朋友！）。

　　我們的頭腦是如此強大，我希望你會請求神賜給你祂的頭腦、基督的頭腦，那麼你將具有足夠的勇氣保護自己的頭腦。讓神改變你的思維方式，然後用這些可以實現的想法來改變這個世界（那些火花，我相信它們！）。

 勇 氣 練 習 ……………………………………………………………

你覺得頭腦裡哪一個念頭、火花、想法，可能是神放進去的？寫下來，然後在某些時刻去實踐那些火花！

Day 12

對自己說好話

你的話可保命，也可喪生；信口開河，後果由你自取。

—— 箴言 18:21

今天早上，我很不喜歡自己穿上這件牛仔褲看起來的樣子，我心想我等一下可能會對鏡子裡的醜陋樣子不停發表評論，但事實上我沒有這麼做，我只是照了照鏡子說：「嘿，換上另一件，沒關係。」然後我很快地脫掉它，換上另一件。

看看〈箴言〉18章21節怎麼說：你所說的一切都可以造成生或死，而且無論是對自己還是對別人說，都是這樣。就像今天早上我穿牛仔褲的情形一樣，我必須選擇給予生命而不是死亡的字眼，這才是我想與自己對話的方式——一種真實、友善且充滿生命的對話。

朋友，停止對自己刻薄吧，真的，如果你想去實踐那些神召喚你去做的勇敢的事物，說一些有生命力的話語，並且以你所用的話語在別人身上創造美麗的事物。而首先，從自己身上

開始。

自我對話佔了每個人的生活中很大一部分，我們的潛意識會持續在腦海裡浮現許多影響日常生活的想法，你需要聆聽它們，但對於那些負面的想法呢？那些擊倒你並讓你感到不被愛而恐懼的想法？是時候該扔掉它們了，讓自己不要去想，辨別謊言，並且說出真理來取代它們。

對自己說好話會讓你勇敢，如果你很難找到理由對自己說好話，那麼記得：並不是你贏得神的愛或是你值得被愛，神愛我們，即使我們並不值得（約翰福音4:19）。

> 對自己說好話會讓你勇敢。

你並沒有贏得神的愛，那是一份禮物。我們並不是因為很完美所以才試圖去擊潰謊言、相信真理並且愛自己，我們這樣做是因為在我們的不完美中，神仍然深深地愛著我們，讓我們成為祂想要的樣子。

你可以對自己說好話，因為神深深地愛你、因為你屬於祂，對自己說好話，就像耶穌對你說好話一般。這些話是有力量的，如果你相信它們，你會變得很勇敢。

 勇 氣 練 習 ⋯⋯⋯⋯⋯⋯⋯⋯⋯⋯⋯⋯⋯⋯⋯⋯⋯⋯⋯⋯⋯⋯⋯⋯⋯⋯⋯⋯⋯

為自己快速寫一個便條，列出你對自己心存感激的三件事。（我是說真的，寫吧！）

Day 13

愛你所喜歡的

上帝所賜給我們的靈不使我們膽怯；相反地，他的靈
會使我們充滿力量、愛心，和自制。

—— 提摩太後書 1:7

成年之後，我希望自己明白我可以愛任何自己喜歡的事物。

中學時我喜歡在樂隊中演奏，而且是個超級音樂迷，事實上，我用一個只有三個八度音程的小電子琴、一本三年級合唱團指導老師送我的詩歌集自學鋼琴演奏。

所以當我進入中學時，立即加入了樂隊。剛開始我在樂隊和管弦樂團之間很難做出選擇，因為我無法決定要學法國號還是大提琴，但當我的鄰居好友格蕾絲加入管弦樂團時，我立即感受到法國號的吸引力，天啊，我真的太愛它了。

當我進了高中，雖然還是喜歡，但仍然退出樂隊了，因為我覺得待在樂隊裡很不酷，我的自尊心太低，放棄了一些真正喜歡的東西，我一心只想努力讓人覺得我很酷。

如果我當時有足夠勇氣去追求自己喜歡的事物，應該就會一直演奏著法國號，而我也許會真的很享受，甚至現在會在納什維爾交響樂團裡表演，而不是懷疑自己到底記不記得如何演奏樂器。然而當時的我認為做「很酷的事情」比做自己喜歡的事更重要，我只想得到其他人的認可，因為我自己並不認可我自己。

> 我認為做「很酷的事情」比做自己喜歡的事更重要，我只想得到其他人的認可，因為我自己並不認可我自己。

我很希望這只是我小時候的問題，但很可惜地，並不是。現在的我有時候仍然必須努力保持自信，才能讓自己成為那個我想成為的人，或是有勇氣去做一些不酷或不受歡迎的事情。

你知道什麼是勇敢嗎？就是允許自己去做想做的事、喜歡任何你想喜歡的事物。

這就是我對你的期許。當你變得愈來愈愛自己，你就會感受到自己有足夠的勇氣去愛你喜歡的事物，而不是轉而去愛那些你認為會被別人接受的事物。

你被神接受，希望你也接受你自己。

找喜歡列清單，所以，今天請你列出自己真正喜歡的五件事物：你的嗜好、你喜歡的音樂家、食物、地方或電視節目。允許你真正喜歡自己所喜歡的東西。

Day 14

神刻意創造這樣的你

你必定成全你對我的應許；上主啊，你的慈愛永遠長
存。求你完成你親手開始的工作。

——詩篇 138:8

　　我喜歡這個想法：神一氣呵成創造了我。就像繪畫一樣，
第一個作品總是很特別的。我的表弟喬最近去世了，但是對我
來說，他永遠是一個畫家，一個藝術家。我的家裡擺滿了他為
我創作的繪畫、素描和插畫，事實上，他送我的一幅畫現在還
驕傲地掛在飯廳裡，那是一幅巨大而怪異的紫色、藍色和黑色
的抽象畫，我很喜歡。

　　幾年前，我曾問喬關於複製畫與原創有什麼不同。他簡短
地回答說，原創是一種工作，但很有趣，然而任何複製品（無
論是精確描繪或經過修改）都是無聊的，要不然就是不用動腦
筋。

　　創造其實就是解決問題，一旦你解決了最原初的問題之

後，你就可以像訓練聰明的猴子般不斷去複製（這後來變成我和喬之間愛用的比喻：「聰明的猴子。」天啊，我好想念喬）。這就像要求廚師創作出世界上最特別的法式洋蔥湯一樣，在他成功超越了任何可以預期的成果之後，每天就只剩下繼續重復做同樣的湯。

　　神一次就創造了你，而你也非常值得作為這第一次原創的成果，然後祂扔掉了創造你的模型，因為這個唯一的你對祂來說已經足夠了，有你就夠了，你是神聖的畫作，原創的作品。

> 如果我們每個人都像聖經所說的一樣獨特，那麼我們受到勇氣的召喚也各自是獨特的。

　　而神刻意以這種方式創造我們，我們形成這樣的自己的過程中並沒有出錯，但為什麼呢？為什麼神總是以一次性的方式來創造人類？

　　看看〈以賽亞書〉43章7節說的：「他們是我的子民，我為了自己的榮耀造了他們。」（在英文標準版聖經中，特別強調了「我的」）神為了祂的榮耀創造了我們。

　　跟我一起來上一堂舊約課：「創造」（creat）這個詞的希伯來原文是「bara」，使用這個特殊的動詞時，神是唯一的主詞──所有的工作都是由祂完成，只有祂才能用這種特殊的方式創造。我們也許能創作一幅畫或製造混亂，但作為人類，我們無法「bara」。所以，當神創造你的時候，祂做了一些只有祂才能做的事，而且祂是為了榮耀而做那件事。

這個簡短的希伯來文小故事說得很有道理。我們來看看聖經文本的描述：我們都是由神特別創造出來的，是為了宣揚祂、榮耀他、崇拜他。

那麼，這和勇敢有什麼關係？

如果我們每個人都像聖經所說的一樣獨特，那麼我們受到勇氣的召喚也各自是獨特的。

我們每個人都必須以自己的方式勇敢，你的生命畫作絕對是個大師傑作，而且永遠不會是複製品。你在這幅畫中每一次勇敢的下筆都會改變一切，而這個改變既榮耀了神、也為你帶來好處。也許你想搬到另一個國家去生活並且分享耶穌的教導，我的朋友，這就是勇氣，真的很勇敢。但同樣地，作為一個待在家裡的媽媽、一個很有能力的技工、一個作家、一個棒球運動員或廚師，都是勇敢的，我們每一個人的勇敢都不同。

神刻意創造這樣獨特的你，神召喚你要勇敢，而神也會讓你準備好去做勇敢的事。

 ....

在你的日記裡或者在這本書的空白處，列出你生命的獨特之處。你熱愛什麼？你喜歡怎麼度過你的時間？你認為你的生命和別人有什麼不同？

PART.3

勇敢相信神

祂就是祂說的那個祂，
我保證

Day 15

問困難的問題

他說：「你呼求我，我就回答；我要把你所不知道那
偉大奧祕的事告訴你。」

——耶利米書（耶肋米亞）33:3

　　秋天的蘇格蘭、我另一個家鄉，美麗、清晰，而且白天在
眨眼間就變得短暫，然而那些午後時刻常常呈現一種我從未見
過的金色色調。十月初某天的午餐後，我坐在李愛銳中心（Eric
Liddell Centre）對街的星巴克裡，手邊只有我的日記、聖經、
桃子鬆餅和豆奶印度茶。

　　我感覺自己全然地活著，就像身體內部所有的汽缸火力全
開，而我現在是最優化的版本。我開始寫日記，想知道是什麼
原因讓我的心活在一種恆久的純淨、愉悅爆發的狀態。

　　所以我問神一個問題：神啊，是什麼讓我覺得這麼有活力？

　　當時，那似乎不是一個很難的問題，但有時候當你與神的
溝通管道開通之後，聖靈會引導你到更難的境地。

　　我列了一張清單，寫下那一刻生命中所有真實的事物：我現在住在蘇格蘭、我單身、我在大學裡擔任事工。

　　然後，在我心裡，我聽到神輕輕地說：「你可以在任何地方擔任大學的神職。」

　　我明白神的旨意了。我記得自己那時靠在椅背上，有點驚訝，忍不住脫口而出：「哇，我要回家了。」既不是對任何人說，又像是對所有人宣布：我要回去納什維爾了。

　　有時我們會避免問神問題，因為我們害怕祂給的答案。但無論我們問的是為什麼我們的生活感覺這麼好？或為什麼祂把我們放在現在的位置？下一步祂要我們往哪裡去？或為什麼我們生活中一些令人痛苦的事現在仍然如此痛苦？當神回答我們時，我們都無須害怕。

> 有時我們會避免問神問題，因為我們害怕祂給的答案。

　　問困難的問題並接受困難的答案是需要勇氣的，但如果你知道神所做的一切都是為你好、祂的答案都值得信任，那麼就可以撫平恐懼。

　　不要害怕問神你真正想知道的事，即使你可能不會得到期待的答案，但你一定會得到答案。也許有時候你不知道為什麼、或者你並不想知道為什麼，甚至有時你根本不知道你在問什麼，而祂的回答到底又會引導你去哪裡或遠離什麼，無論如何，你都可以問。

　　即使在狀況非常艱難的時候，你還是可以問神：「祢對我

有什麼計劃？我現在應該要學習的是什麼功課？」祂會告訴你答案，而這些答案，我的朋友，它們都是帶來安詳平靜的答案。向神提出困難的問題吧。

你是否曾經有個問題害怕問神？現在馬上問祂這個問題，大聲地說出來，然後聆聽祂的答案。

Day 16

相信你從不孤單

「我要常與你們同在，直到世界的末日。」

—— 馬太福音28:20

當神很清楚地讓我知道祂希望我搬到納什維爾時，老實說，我很害怕。平常我連上廁所都不喜歡自己一個人，我更不想獨自搬到一個新的州，住在喬治亞州以外的地方都感覺像是到了國外，而從蘇格蘭到納什維爾又是那麼遙遠的距離。

在元旦這天，我跟兩個最好的朋友海莉和莫莉提起這件事，我們坐在海莉家客廳的地板上，當我和她們分享這個故事時，很高興她們都站在我這邊，說搬家是個瘋狂的想法，認為這一定是我編造的。「如果你想成為一名作家，」海莉說：「難道不能在這裡實現嗎？一定有很多這裡出身的作家。」

整整二十分鐘，我們都繞著這個話題討論著。然後，大家安靜下來，我們意識到了真相，眼淚從臉上流下來。神要求我比自己能夠想像的要更勇敢，而這結果將會讓我們三人都感到悲傷，

> 即使你感到孤單，實際上卻不是的。

因為我即將心甘情願地邁入一個讓自己感到非常孤單的時期。

然後八月來臨，突然之間，所有事情都完成了，那些一直在我腦海裡盤旋的事、各種禱告和憂慮，都不再是遙遠的未來，而是現在、就在這裡，我已經在這裡了。

沒有朋友、沒有教堂、沒有家人，不知道在哪裡可以找到郵局、雜貨店或醫院。獨自一人。

至少，我覺得自己是孤獨的，但實際上並不是。你知道「以馬內利」（厄瑪奴耳）是什麼意思嗎？它是神的名字之一，意思是「神與我們同在」。因為耶穌為我們的罪付出了代價，所以神永遠與我們同在，耶穌說他會和我們在一起，直到時間的盡頭。

知道嗎？即使你感到孤單，實際上卻不是這樣。無論怎麼樣祂都會緊守著你，所以你應該要有足夠的勇氣去相信祂說的都是真的，祂總是和你在一起。相信祂吧，並且去實現神引導你去做的困難的事，你不會孤單的。

 勇氣練習 ⋯⋯⋯⋯⋯⋯⋯⋯⋯⋯⋯⋯⋯⋯⋯⋯⋯⋯⋯

今天照照鏡子，對自己說：「朋友，你從來都不孤單。」（我經常這樣做，這是一個很好的提醒。）

Day 17

為你自己讀經

全部聖經是受上帝靈感而寫的，對於教導真理、指責
謬誤、糾正過錯、指示人生正路都有益處，要使事奉
上帝的人得到充分的準備，能做各種善事。

—— 提摩太後書 3:16-17

我五歲時成為基督徒，所以聖經一直是我閱讀生活的一
部分，我很感激自己剛學會閱讀就擁有了一本聖經。但我並
不總是喜歡讀它，老實說，其中的某些部分甚至讓我感到厭
煩——沈悶的律法，以及那些我的大腦不太能了解的東西。

但隨著歲月增長，我已經能夠真正了解聖經是什麼——它
其實是各種故事的總集，出現許多像我們一樣的人物，有各種
生命課題，並且一頁又一頁地描述我們所愛和所該服務的神。

如果你從一開始就把讀聖經當作一件必須做的「任務」，
那麼你可能會錯過它為你的生活帶來一種超自然力量的機會。
聖經是神與你溝通的管道，是讓你體會祂是誰的方式。聖靈用

祂的福音向我們展示真理，定我們的罪、糾正我們、訓練我們。

聖經並不無聊，它不只是條例、規則或一堆難以理解的故事，它記錄了神是誰、以及祂對祂的子民（也就是我們）付出多大的愛的故事。

> 如果你從一開始就把讀聖經當作一件必須做的「任務」，那麼你可能會錯過它為你的生活帶來一種超自然力量的機會。

你愈為自己深入鑽研聖經教義，就會愈渴望它，而聖經讀得愈多，你就愈瞭解神。

當你想聽神的話語時，聖經永遠是最好的資源，那本黑色或白色（有時是紅色）封面的書，記錄著神要啟發你的許多話。不要依賴你的牧師、廣播、甚至一個基督徒作家零零散散擷取的經文，為了你自己，深入鑽研聖經吧，享受神賜予你的這份禮物──讓你可以直接認識祂是誰，並了解祂對你的期待！

 勇 氣 練 習 ....

查閱 SheReadsTruth.com（或 HeReadsTruth.com）網站，他們提供了許多計劃和資源來幫助你學會定期閱讀聖經。

Day 18

禱告

我們在上帝面前坦然無懼；因為我們確實知道，如果
我們照著他的旨意求，他都會垂聽。

—— 約翰一書 5:14

我與禱告有著一段很長時間（也有點複雜）的關係。我知
道它是真實的、我知道它力量強大、我也知道神聽見了，然而
卻不意味著我總是能得到我想要的。

然而，在我九歲的時候，我記得神第一次回應了一個我
的禱告。那是在三年級時的春天，我主演了教會裡的兒童音樂
劇，好吧，說我「主演」是有點誇張，雖然在我心中真的這麼
認為，但我確定自己只是眾多角色之一，明確地說，我是演出
者的一員。

我演的是小普薩爾蒂（如果有人不清楚的話，《普薩爾蒂》
〔Psalty〕是一本可以唱誦的讚美詩集，用來教導孩子認識神）。
我被綁在一個巨大藍色紙板形狀的道具中，裝扮成一本讚美詩

集，肩膀上還扛著一個球棒，然後，我走過人群，唱著美麗的老讚美詩「我的生命獻給主」。

對了，我有說我演的是男性角色嗎？這就是這個故事最特別的部分。今天晚上，我就要上台演出小普薩爾蒂了。

當我從學校回到家，發現媽媽躺在床上，房間裡完全沒有開燈，她偏頭痛又發作了。我的生活充滿了偏頭痛的記憶，當我還是小孩子的時候，我們不是帶媽媽去醫院看診，就是和爸爸一起離開家，讓媽媽可以安靜一下。那天看到媽媽躺在床上，我立刻就知道狀況很糟。

> 禱告是一個神奇的機會，可以讓我們與最偉大的存在直接產生連結。

她忍著頭痛低聲對我說，她覺得很抱歉，無法去看我當晚的演出了。

我那小學三年級柔弱的心都碎了，我跑上樓回到房間，把書包扔到地板上，跪在床邊，緊握雙手開始全心禱告，好像我的心原本就知道如何禱告。

我不記得當時熱切禱告時說的每一個字，只知道如果我禱告，神就會療癒媽媽的頭痛，讓她可以來看表演。我以一個九歲孩子所知道的一切懇求神，眼睛緊閉，一遍又一遍重複同樣的幾句話。

然後，那天晚上在教堂裡，在布幕即將升起的幾分鐘前，我聽到有人輕聲呼喚我的名字，當時我已經站在登台的階梯上，準備開始唱讚美詩，突然看見媽媽站在舞台邊緣，告訴我

她的頭痛終於緩和，可以來看表演了。

那一刻簡直就像電影裡才會出現的情節，而也正是那時，我認知到禱告的力量有多強大。

從那時起，我的一些禱告得到了回應，而且非常確切的如我所想。然而另外一些禱告卻似乎從來沒有得到回應，其他還有一些情況是，我禱告了，得到的回應卻完全搭不上線，讓我不禁懷疑神是否和我說相同的語言。

我想那就是展現勇氣的時刻，你是否有足夠的勇氣去禱告並相信神聽見了，但祂刻意改變了一切？你是否有足夠的勇氣全心相信神會展現奇跡？你是否能夠在長時間不禱告後勇敢的第一次開口對神說話？禱告並不是為了我們自己，實際上，禱告是一個神奇的機會，讓我們與最偉大的存在直接產生連結，而為了你自己去認清這一點，是需要勇氣的。

所以禱告吧，神是絕對的真實，而祂正在傾聽。

 勇 氣 練 習 ....

今天試著禱告吧，無論是低聲咕噥的短短幾句話，還是寫在日記裡的幾段文字，和神說說話，祂在傾聽。

Day 19

信心

信心是什麼呢？信心是對所盼望的事有把握，對不能
看見的事能肯定。

—— 希伯來書 11:1

「相信神」實際上代表的是什麼意思呢？什麼又是信心？
信心是一種確定感，並且深信不疑。

　　然而有時候很難有確定的感覺，那麼如果想要有信心、或
是不知該怎樣才能有更堅定的信心時，要怎麼辦？你可以請求
神為你挹注信心 —— 相信祂、相信祂的承諾、相信祂的道，然
後在心中讓這樣的確信感滿溢出來，以擊退敵人的謊言。

　　敵人很善於說謊，不是嗎？（你知道你有一個敵人對吧？一
個充滿各種對你不好的想法、而且態度理所當然的敵人。）他從
伊甸園開始就撒謊了，他說服夏娃相信神既不是真的、也不值得
信任，而他也用同樣的謊言對我們呢喃著，他謊稱：「你不能相
信神……你的信心是軟弱的……你怎麼可能有信心？」

當撒旦惹惱你、讓你懷疑神的話語或懷疑神對你的愛時，你第一時間展現勇氣的行動是什麼？舉起那個支撐你的心的信心盾牌來抵擋敵人的箭，只要相信就可以了，雖然並不容易——事實上，

> 請求神為你把注信心——相信祂、相信祂的承諾、相信祂的道。

很少有人能夠容易相信，但好東西本來就得來不易，而在這場信心的鬥爭中，守護你靈魂的正是好東西。

你下一個勇敢的行動是什麼？把你的視線緊盯著耶穌，祂是為你展現信心的「先鋒和完美典範」（希伯來書12:2）。每當懷疑蒙蔽了你的頭腦、堅定信心變得不容易時，只要記得祂把忍受十字架當作一種享受，只因為祂對你有深厚的愛，而祂會幫助你在信仰中成長。

確信這一點：當你請求神加深你的信心時，祂會的。

 勇氣練習 ⋯⋯⋯⋯⋯⋯⋯⋯⋯⋯⋯⋯⋯⋯⋯⋯⋯⋯⋯⋯

下載美國創作歌手馬特‧沃茨（Matt Wertz）的歌曲〈保持信仰〉（Keep Faith），重複播放一會兒，在日記中寫下一些令你印象深刻的歌詞。

Day 20

神就是祂所說的那個祂

上帝和人不一樣，不撒謊；他不像凡人，不改變主意。他答應的話，一定辦到；他一發言，事就成了。

—— 民數記（戶籍紀）23:19

你知道誰擁有真正十足的勇氣嗎？基甸（基德紅），一個聖經裡記載的人。

依據〈士師記〉（民長紀）第6章所述，所有以色列人都嚴重地行為不端，這些行為導致他們與神分離，於是主把他們交給了敵人，以致他們都生活在恐懼中——必須躲躲藏藏，並備受攻擊和搶劫，於是以色列人開始向神呼喊求救（我很熟悉這個，你不也是嗎？每當我背著神搞砸了一些事，讓自己困在一個最糟的狀況時，只好求祂救救我）。

神決定展現慈悲並解救他們，讓以色列軍隊擊敗其他軍隊，而基甸，這個不怎麼可靠的小個子傢伙，即將履行一個非常特別而勇敢的使命。

在〈士師記〉6章11節的開頭，我們看到基甸躲在醡酒池裡打穀（而不是在一般戶外的打穀場打穀），這時一個主派來的天使現身並對他說：「勇敢的壯士啊，上主與你同在！」（士師記6:12）這個宣言讓基甸非常驚訝，因為，嗯，他其實正在躲藏著，這可不是典型「勇敢戰士」的行為，

> 你被一個完美、並完全值得信賴的神所深愛著，而祂正召喚你要勇敢。

但主告訴基甸，他就是那個帶領以色列人從米甸（米德揚）人的壓迫中解放出來的人。

當他聽到這裡，基甸立刻開始向神解釋為什麼他不是執行這個任務的正確人選——他來自最弱的氏族，而他本身又是這個氏族中最虛弱的一個。你知道那代表什麼嗎？基甸只看到自己和他自己的能力，而不是看著神並相信他就是神所說的他。

你被一個完美、並完全值得信賴的神所深愛著，當祂召喚你要勇敢，你卻覺得自己無法擺脫自己的缺點時，別忘了仰望你的耶穌，祂就是那個神所說的祂，祂擊敗了死亡，並且賦予你勇敢的能力。

 勇 氣 練 習

你現在在逃避神嗎？不必躲藏！神會讓你一天比一天勇敢。

Day 21

你可以聽見神

「那從門進去的，才是羊的牧人。看門的替他開門，他
的羊也認得他的聲音。他按名字呼喚自己的羊，領牠
們出來。他把自己的羊都領出來，就走在牠們前頭；
他的羊跟著他，因為牠們認得他的聲音。」

—— 約翰福音 10:2-4

在我生命中的前二十七年一直都住在喬治亞州，我把它當
成我的家鄉。我喜歡我那張喬治亞州的駕照、喬治亞州球隊、
貼在車上的喬治亞州貼紙，以及我在喬治亞州的家。

然後某個十月，我覺得有什麼在我心中翻攪，一直想著田
納西州的納什維爾。這讓我覺得很害怕，我根本沒有搬家的想
法，更不想真正去執行，但我追隨神很久了，我學會在我的生
活中聆聽神的聲音，我很清楚那平靜的聲音以及溫柔的催促。

我還記得在大遷徙前最後一次的教堂禮拜，當時實在不
想去，隨著音樂播放，淚水開始在我的眼眶裡打轉，很多事情

在腦海裡閃過：這是我在家裡的最後一個週日，一切都即將改變，也許神會改變心意，也許所有這一切都是錯誤……等等，也許神會改變祂的心意？

我心想，我只需要禱告請求祂改變主意就好，祂知道我願意去——我已經付了第一個月的房租，而我也搬了一車的東西到納什維爾——現在也許祂會讓我脫離這個困境。

這就是我當時禱告的內容，當其他人都在讚美神的時候，我卻在和祂討價還價。我提醒祂我真的很願意去，因為我知道有時候祂並不會讓你一定要做到某件事，只需要你展現誠意就可以了。我懇求祂不要讓我搬家，懇求祂改變主意。

然後，一個安靜而大膽的宣言閃過我的腦海，並且刺痛了我的心：「納什維爾是我送給你最大的禮物。」

我深呼吸了一口氣，知道那聲音是真實的。雖然它感覺不是真的、看起來也不像真的，但我知道那是神，我知道那是真理。

有好長一段時間我並不覺得那是一份禮物，一開始甚至感覺糟透了，然後是好吧、可以活下去、還不錯，最後覺得真是太棒了。而我

> 但我追隨神很久了，我學會在生命中聆聽神的聲音。

想告訴你的是：幾年前神在我心裡低語的那句話，如今我才知道那是最真實的事情。

納什維爾確實是神賜予我的最大禮物，絕對是、毫無疑問。而祂當時就知道了，直到現在我才和祂達成了共識。

我強烈反對那些聲稱神不再與我們說話的人，我認為祂總

是在對我們說話——透過聖經、自然、他人、耶穌的生命，以及直接透過住在我們內在的聖靈，只要你想的話，你也可以聽見祂說話。祂在說著，如果你在聆聽，祂會跟你說話的。

 ··

你今天能勇敢地相信神想跟你說話嗎？試著問問祂。做這個禱告：神啊，我想聽見祢，我想認得祢的聲音並認出它。我正在聽著，請跟我說話。

Day 22

你就是神所說的那個你

上帝愛你們，揀選了你們作他的子民。所以，你們要
有憐憫、慈愛、謙遜、溫柔，和忍耐的心。

—— 歌羅西（哥羅森）書 3:12

　　我的朋友珍娜在納什維爾的一家銀行找到了一份工作。在
受訓時，她的培訓師教她如何辨別假鈔，這讓她非常興奮。在
開始上班的那天，珍娜穿上時髦的西裝，期待可以看到或感覺
出各種能被FBI鑑定出來、不同類型的假鈔，她很喜歡這一類
的事——感覺就像電視上那些專門破獲違法事件的人一樣。

　　所以當珍娜那天早上到達公司時，她的腳步格外輕快，就
像準備好要開始一個臥底的演出。然而，她的培訓師卻將一疊
真鈔交給她和其他新進員工，要求每個人數一疊鈔票，一遍又
一遍、再一遍、又一遍，我不知道那數字是否是真的，但珍娜
發誓她數了五十張的一美元鈔票共超過一百次。

　　在沮喪中，一個新進員工問培訓師：「我們為什麼要做這

些？」

培訓師回答：「現在你知道真鈔的感覺了吧？用真實的東西練習了這麼多次之後，你才能夠很容易地就注意到假的東西。」

> 當你花時間與神在一起，沉浸在祂話語的真實中，你會很容易就注意到謊言，而你腦子裡所聽到的也不是真的你。

當你花時間與神在一起，沉浸在祂話語的真實中，你會很容易就注意到謊言，發現你腦子裡所聽到的也不是真的你，你會更清楚地聽到神所說關於你的一些真理，包括「你是被深深愛著的」這個事實。

在祂的道途上，你會發現神說：你是全然被接受的、你是神的朋友、祂的繼承人，而你也完全被原諒了！

你是安全的，〈羅馬書〉第8章說你不再被譴責了，你很重要！〈以弗所書〉第2章說，你是神的工藝之作，與耶穌同坐在天國。

在祂的道上，神說你在這個星球上是堅強和重要的，你就是神所說的你，你可以勇敢。

勇 氣 練 習 ....

完成這句話：我之所以重要，是因為 _____。而這裡有三件事影響我的生命，分別是：_____。

Day 23

相信神在乎你的夢想

> 「你們雖然邪惡,還曉得拿好東西給自己的兒女,你
> 們在天上的父親豈不更要把好東西賜給向他祈求的人
> 嗎?」
>
> ——馬太福音 7:11

如果你勇於夢想並相信神正在為這些夢工作,即使它們沒有實現,那會是什麼樣的狀況?你信任神想要活用這些夢嗎?

我正過著自己計劃裡從未有過的生活,而在這五尺六寸的房子裡完全適應下來,也比我所想的還需要更多勇氣。老實說,我已經三十歲過半、還沒有丈夫也沒有孩子,這讓我自己很驚訝,但在我內心深處仍存在著希望的火種,這個希望並不是以「總有一天我一定會結婚」的形式存在,而是「神知道祂在做什麼」的形式希望著。

我覺得在我人生稍晚的階段寫下這些話會更酷一點,例如當我嫁給一個很棒的男人、有三個孩子和一個不錯的廚房、我

神從來沒有忘記你。

駕駛著酷媽咪會開的家庭房車、娃娃鞋散落在我們的房子四處,然後我可以告訴所有的單身男女:「堅持下去,因為神對你的人生有一個驚人的計劃!」於是這些單身的日子將充滿驚嘆號而且非常激勵、振奮人心!

我不會停止希望和夢想。我想那一定有非常強大的力量,讓我在這段倍受打擊的時期還能夠直視著你的眼睛(如果可以的話我一定會)並且說:「神沒有忘記你,你的生活和夢想對神來說很重要。」

我只想告訴你,即使像我這樣陷在窘迫的時期、渴望一些我所沒有的事物的人(我敢打賭,大多數人都一樣),仍相信自己一定會讓它們實現。如果你單身、想要結婚、希望有孩子、想要一份工作、想要一個家或住在某個城市,我希望讓你知道,你一定可以實現。

當我們禱告時,神聽見了我們的聲音,祂比我們更了解我們的心。祂關心你、也關心你的夢想,所以,與那位愛你並且想要給你最好禮物的天父分享你的夢想吧!

你心裡有什麼夢想是還沒有看到神為你實現的?即使你不知道這個故事會如何結束,仍然充滿希望,那會是什麼情況?

PART.4

勇敢追夢

勇敢的人選擇去做夢

Day
24

勇敢做夢

耶穌在伯大尼那患痲瘋病的西門家裡。正在吃飯的時
候，有一個女人帶來一只玉瓶，裡面盛滿了珍貴的純
哪噠香油膏。她打破玉瓶，把香油膏倒在耶穌頭上。
有些在座的人很不高興，彼此議論說：「這樣浪費香
油膏有什麼意思？這香油膏可以賣三百多塊銀子，拿
這錢來救濟窮人多好！」因此他們對那女人很生氣。
可是耶穌說：「由她吧！何必為難她呢？她為我做了
一件美好的事。」

—— 馬可（馬爾谷）福音 14;3-6

從三年級開始，我最大的夢想就是在學校教書。我的個性
有點強勢，而當老師對我這樣強勢的人來說是個很好的出路。

在喬治亞大學四年級的中期，我剛要開始教學實習前，衛
斯理基金會的校園牧師鮑勃・貝克威斯帶著一個機會來到我面
前，衛斯理基金會允許學生在大四結束後繼續留下來做無薪的

76

實習生，而鮑勃希望我可以在婦女事工組裡實習。

當時我最大的夢想（教書）即將實現，要做的只剩下填寫申請書，並試圖找到一份教學工作。但另一方面，實習聽起來也很棒，我

> 神對我的夢想比我自己一直計劃的夢想要大得多。

的許多好朋友都在實習，包括我最好的朋友和室友，我在婦女事工組裡成長了許多，因此能夠有一個回報的機會感覺也不錯。

但那是無薪資的，如果要在衛斯理基金會實習，我必須要籌到一萬五千美元，那可不是一筆小錢！

在耶誕假期前的一個星期六早上，我坐在一張舒適的椅子上讀到〈馬可福音〉14章3-6節，那個拿著一瓶香膏的女人把一切都給了耶穌——她的心、她的犧牲，還有一整年的工資。

我當下明白了自己被要求暫停最大的夢想——放棄一年的工資奉獻給耶穌、為大學生服務、為牧師、為耶穌本人服務——現在我才知道，這是神對我的人生最大的夢想。

雖然在那之後我還是當了五年的教師，但瞭解到神對我的夢想比我自己一直計劃的夢想要大得多，還是讓我感到驚訝無比。

勇敢做夢，並盡可能勇敢地相信神都會給你，因為我們註定要在這個星球上產生極大的影響力，比我們自己夢想的還要大得多。

 勇 氣 練 習 ....

列出你人生中一、兩個真正偉大的夢想。

一小步的夢想

「上主曾救我脫離獅子和熊的爪，他也會救我脫離那個
非利士人。」

——撒母耳記 17:37

神了解我，祂也了解你，祂知道我們需要一小步的夢想，
因為一下子給我們完整的夢想拼圖，可能會讓我們有點害怕。

如果我還在大學裡學習成為一個小學教師時，就知道自
己將來會成為一個作家和演講者，我可能會窩在安全的掩護中
躲藏一年、甚至五年。我今天會來到這裡，是因為跨出許多小
步，並且在我的寫作生涯中點綴一些勇敢的片刻，才能慢慢發
展到這個階段。

我想到大衛王（達味王），當他還是個孩子的時候，他在
與非利士（培肋舍特）人的戰鬥中詢問他的弟兄，發現每個人
都害怕歌利亞，一個為敵軍戰鬥、像野獸般的人。

年輕的大衛當時只是個牧羊人，他卻跟國王掃羅說他會去

抵抗歌利亞，每個人都驚呆了，因為大衛還只是個孩子，而以色列軍隊裡的其他人（全是成年男子）都害怕歌利亞，然而大衛的回答為我們展示了每天累積勇氣的一小步的重要性，因為這些小步將會完成偉人的故事。

> 神知道我們需要一小步的夢想，因為一下子給我們完整的夢想拼圖，可能會讓我們有點害怕。

大衛對掃羅說：「陛下，我是為父親放羊的。有時候獅子或熊來了，抓去小羊，我就追趕牠，擊打牠，救回小羊。如果獅子或熊襲擊我，我就抓住牠的鬃，把牠打死。我曾打死獅子和熊，同樣可以殺死那個藐視永生上帝軍隊的非利士人。」（撒母耳記上 17:34-36）

大衛，一個牧羊男孩，與獅子和熊戰鬥，並且救了他的羊，他從來都不是為了準備與熊戰鬥而殺死獅子，也沒有為了準備與歌利亞戰鬥而殺死熊，他只是選擇在每一個回合都勇敢迎戰——做好自己保護羊群的工作。

隨著挑戰的困難度愈大，大衛也愈相信神以獨特的方式創造了他，更重要的是，大衛完全相信神，而神要求他扮演一個需要勇氣的角色。我和你也是如此。

 勇 氣 練 習 ···

你知道自己目前在生活中的哪一個領域可以表現得很勇敢？

Day 26

什麼是敞開的門？

> 他使我心靈復甦。他照著應許導我走正路。
>
> —— 詩篇 23:3

你怎麼知道什麼時候應該要勇敢地行動，即使那並不容易？你怎麼知道什麼時候該放手去做？

在我大學二年級時（其實是我大學時期大部分的時間）很喜歡待在校園事工的辦公室 —— 喬治亞大學衛斯理基金會，那讓我感覺很酷、且非常虔誠。

校園事工組是一個設在校園裡、為了大學生而存在的教會，我許多青年團的朋友們也參加了UGA，所以每次走到衛斯理大樓時，我總感覺像是回到家，當我走過穿堂，都會看到過去幾年來國外宣教團的照片。

有一天，我站在其中一張照片前，照片中是一群大學生聚集在向日葵花田裡，陽光在他們的頭頂閃耀，讓那些有著金色捲髮的女孩看起來像在發光，照片底部寫著「蘇格蘭」。

我聽說過蘇格蘭，但就這麼多了。某個秋天的週三晚上，就在我注意到蘇格蘭僅僅幾週後，教會公布了當學年的宣教行程，而蘇格蘭是其中一個選項。耶！我心想，我也想站在那片向日葵花田裡拍張照片。

那不是奇蹟，那是一扇敞開的門。

我知道聖經裡有提到要前往所有國家分享福音（馬太福音28:19），但重要的是，我必須從那些國家清單中挑選一個想去的地方。我記得很清楚自己禱告過，

> 那不是奇蹟，那是一扇敞開的門。

但沒有巨大的蘇格蘭紅布條出現在我的臥室窗外，或任何從天而降的奇異徵兆回應我的禱告，我只知道自己想去一趟宣教之旅，然後蘇格蘭就出現在我的眼前。

我去了那趟宣教旅行，甚至最後在那裡住了一段時間。先是海外旅行，後來在那裡住下來，鼓足勇氣。對我來說，那是很不一樣的經驗，一切都是嶄新的，而我並沒有沿著一條有發亮箭頭指示的路徑走，那是神領我通過的一扇敞開的門。

在今天的〈詩篇〉經文中提到，神帶領我們走上正確的道路。請主帶領你前往那扇敞開的門前，然後勇敢地穿過去。

 勇 氣 練 習 ....

寫下你向神的禱告，請祂向你展現生命中敞開的門。如果你想請祂打開正確的門並關上錯誤的門，也要寫下來。

Day 27

什麼是關上的門？

把所籌畫的事交託上主，你就能夠成功。

—— 箴言 16:3

有勇氣的人會勇敢衝撞不同的門，是嗎？當勇敢的人看到一扇門沒有敞開，他們會運用創意闖關，然後發現另一條路，是嗎？

嗯，答案絕對是肯定的，但不總是這樣。身為一個依賴全知全能的神的人，知道我們可以做自己想做的事、不斷往前，並禱告自己可以符合神的意願，但我們仍然有可能會來到一扇關上的門前。

這些關上的門可能會讓人感到困惑。

也許你正在尋求神的指引，希望神告訴你應該選擇什麼樣的職業；也許你從高中就開始準備成為一名海洋生物學家，因此暑假在水族館打工。也許你住在佛羅里達的姑姑就是一位海洋生物學家，因此與你這個夢想有關的一切看似都很合理。

然而生命發生變化，在你進入大學兩年後，發現自己看著一扇你從沒想像過、敞開的門，同時因為某些理由，你意識到海洋生物學的大門似乎已經不為你敞開——沒有被選入一項計劃、缺乏資金、因為要處理家庭危機而讓你不得不休學一年。

> 我們可以做自己想做的事、不斷往前，並禱告自己可以符合神的意願，但我們仍然有可能會來到一扇關上的門前。

無論那是什麼狀況，隨時都有可能會發生，但當它發生時，你可以勇敢。

你可以勇敢，因為你可以相信神。勇敢的人致力完成主賦予他們的工作，並相信祂為他們的生命所做的規劃，可能和他們自己計劃的不一樣，但沒關係。

如果你今天看到一扇關上的門，那麼在某個轉角必定有一扇敞開的門，勇敢穿越主引領你走過的門，即使它們完全在你的意料之外，甚至令你感到恐懼。

勇 氣 練 習 ⋯⋯⋯⋯⋯⋯⋯⋯⋯⋯⋯⋯⋯⋯⋯⋯⋯⋯⋯⋯⋯⋯⋯

這可能有點痛苦或可怕，但請你寫下一扇你所知道的、神已經在你的生命中關上的門。

Day 28

哀悼已死的夢想

> 我被憂愁所困擾；求你照你的應許使我強壯。
>
> ——詩篇 119:28

在我真正來到蘇格蘭的十一年前，就曾經有想過在蘇格蘭生活。二十多歲的時候，我有很多次機會可以搬來這裡，但我總是說不，當時的時機總是不對，我也從來不覺得這是神最好的計劃，然而，在我腦子最深處……其實我很害怕。我害怕如果搬到蘇格蘭，就意味著我可能永遠不會結婚。

我一直夢想著自己會結婚生子，然後，就這樣來到三十歲，而因為這個夢想，我整整虛度了十年，一直認定自己選擇留在美國就意味著選擇婚姻生活。現在我雖然不能說留在美國是違背神的旨意，我知道祂在那十年間為我的生命做了很多美好的事。但我也知道，每次機會來到我眼前，恐懼就在我耳邊低語，而我也聽信了它。

兩週前我與我的心理諮商師碰面，就像平常的諮商一樣，

我訴說著自從上次碰面以來、這幾週之間我處理過的所有事情，當我說完之後，她直視我的眼睛告訴我，我可以允許自己哀傷。

「等等，」我說：「我不能認同這點，我覺得我很好，這是神的計劃，而我相信祂，祂做了所有安排……」

> 你可以為自己錯過的那些事物哀悼。

她打斷我的話：「你認定在某個時間範圍內應該會實現的夢想卻從未實現，你也看到了一個自己永遠不能擁有的生活，你可以為自己錯過的那些事物哀悼。」

以前從來沒有人對我說過這些，但我需要聽這個。我也許沒有在自己期待的那個年紀結婚，但神引領我走過精彩的道路，讓我能夠榮耀祂。

我們很容易在意那些沒有被回應的禱告，然後對我們的生活失望，並且將這些遺憾掃到地毯下，讓自己不必去想到它們。但你知道嗎？你可以哀悼已死去的夢想。正視那些夢想雖然需要勇氣，但當你與它們面對面，抬頭挺胸，然後讓它們消逝，你才會看到神為你的生命做的安排，雖然不同於你所期望的，但那將會是一個你自己都夢想不到的美麗故事。

 勇氣練習

有什麼已死的夢想是你需要哀悼的？

追逐活著的夢想

人心中的籌算像深井中的水，只有明智的人能汲取出來。

—— 箴言 20:5

有時勇敢是離開那些已死的夢想和已關上的門，去追逐那些還活著的夢。

從我們還小的時候，神就把夢想種植在我們心中，祂在我們知道如何運用自己的天賦之前，早就把那些天賦交給我們。看看那些初生之犢，他們從不害怕去想像自己的天賦、去推動任何夢想，而且自然而然地就充滿勇氣。

我有朋友相信生命已經跟他們擦身而過，認為可以讓他們表現勇敢的機會曾經來過，但已經遠離。對我來說，這比什麼都令人難過——你還不算老！我的祖母一直到她八十九歲嚥下最後一口氣時都很勇敢。

如果你正在讀這本書，表示你還活著，而如果你還活著，

你的夢也還活著。

　　你無法停止的夢想是什麼？想想看，並且弄清楚，因為神想要運用那個夢想，神想運用這個天賦，祂想借用你的夢想和才能讓其他人可以走向祂。

> 如果你正在讀這本書，表示你還活著，而如果你還活著，你的夢也還活著。

　　我愛神，祂在我的生命中代表著一切，而祂真的很愛我。讓我告訴你，對我來說我愛神的方式意味著什麼：就是這個——寫作、談論祂。透過我活出自己的生命、透過我愛的人以及我服務的事工來表達我對祂的愛。我想以一種永遠可以從心中汲取最多愛的方式活出生命。

　　我會犯錯嗎？當然，而且不斷犯錯；我是罪人嗎？你最好相信我是。但每一天我都希望用主賜予我在這個地球上剩下的所有時間，透過我的寫作生涯，和神在我的生命及心中種下的任何其他夢想，用我的一生來愛祂。

　　神喜歡為祂的孩子所追逐的夢插上翅膀，也喜歡那些會為祂帶來榮耀的夢想。

 ···

　　在你的生命中，你希望還活著的夢想是什麼？

Day
30

向別人訴說

讓我們彼此關懷，激發愛心，勉勵行善。不要像某些
人放棄了聚會的習慣，卻要彼此勸勉；既然知道主的
日子快到，你們更應該這樣。

—— 希伯來書 10:24-25

　　我家鄉的教會有為高中生辦的中學生靈修營，那是一種非
常美的體驗。幾年前，我曾經以成年領導者身分參加，我們從
許多靈修中心的場地中挑選了一個，場地裡有幾間小木屋，屋
內配有雙層上下舖，每二十個人可以分配到兩個淋浴間——你
可以想像那設備有多麼質簡陋。

　　在靈修營裡的一個週六晚上，我爬進我的床，那是一個位
在上舖的小雙人床，我閉上眼睛，還沒過三十秒，就感覺有人
在輕拍我的肩膀。

　　叫醒我的是瑪洛里，一個幫忙帶領靈修營的資深助手，她
只剩幾個月就要畢業並前往奧本大學唸書。

瑪洛里要我到她的床上，我下去了，心裡有點擔心，發生了什麼問題嗎？瑪洛里盯著上舖床墊的彈簧，月光幾乎無法穿透窗簾照進來，但對我來說已經夠亮了，可以清楚看見她顯然正在和心裡的某件事搏鬥。

那勇氣的小小光芒已經在她心中成長了好幾天、也許已經好幾個星期。

「我不想去奧本。」她低聲說。我聽到眼淚滴到枕頭上的聲音，

我等待著，也許她有更多話要說，但沒有，所以我回答：「好吧，瑪，你不一定要去。」

她慢吞吞地說：「我想成為一名傳教士，我想去青年使命團（YWAM）。」她的聲音聽起來仍然顫抖著。於是我告訴她：「好吧，瑪，你可以這麼做。」

瑪洛里並不是從那一刻才開始她的勇氣旅程，那勇氣的小小光芒已經在她心中成長了好幾天、也許已經好幾個星期，然後，在她真正能夠從床裡爬出來叫醒我之前的幾個小時又幾分鐘裡，它長出了腳，不是嗎？那勇氣長出了腳，帶領她向別人訴說。

你想要勇敢嗎？告訴某個人你想要勇敢，然後看看神能做些什麼。

勇 氣 練 習 ……………………………………

今天就打個電話給朋友，約他去吃午餐或喝咖啡，也可以見個面、散散步。當你們聊天時，告訴他一件你還不曾說出來、很勇敢的事。

找到傾訴夢想的對象

缺少領導，國必衰敗；謀士眾多，國便安全。

—— 箴言 11:14

　　這段經文可以這樣延伸：「沒有正確的方向，人們就會迷失；你愈追尋有智慧的建議，愈能得到好的機會。」

　　只要涉及你的夢想，都需要好好守護你的心。你的心是珍貴的，而你的夢想也應該只與少數親密的朋友分享，好好愛護和照顧它們，讓愛進入你的心，永遠記得去守護和保護它。

　　如果想知道誰值得相信並可以與你分享你的夢想，問問自己以下幾個問題：

1. 我能夠信任誰？想想你生命中的人們，有人讓你感到不安嗎？是否有些人總是喜歡泄露其他人的個人隱私？不要選擇他們。

2. 誰不會太干預或情緒性涉入我的生活？你絕對會有想將自己的夢想告訴一些比較親密朋友的時候，但是將一個

你想實現的夢想告訴好朋友，有時反而會得到不愉快的結果，因此要挑選一個不會失去理智聆聽你的人，例如你可能想要搬家，就需要找一個更客觀的人。

3. 我曾經看過誰在他們的生活中展現智慧？智者總是過著睿智的生活，找出他們、觀察他們，然後把他們留在你的生活領域。

4. 我認識誰總是值得信任？你不會想與那些似乎不太忠誠或不追求智慧的人分享一些對你來說很私密且易受傷的事。

5. 我認識誰經歷過失敗？是的，你想與成功的人分享屬於你生命的一部分，你希望你的夢想待在一個安全的地方，當它還只是一點點閃爍的微光。但你會從一個曾經失敗的人那裡學到很多東西。

> 你的心是珍貴的，你的夢想也應該只與少數親密朋友分享。

失敗往往是最好的老師。你可以與那些追求夢想、並且已經實現夢想的人分享你自己的夢，也可以與那些哀悼已死的夢並繼續追求另一個夢想的人分享。

 勇 氣 練 習 ....

告訴別人你的夢想，無論你有一個巨大或比較小的夢，找到一個你信任的人並與他分享。

Day 32

夢想與使命的區別

因為上帝的選召和恩典是從不改變的。

——羅馬書11:29

　　某天晚上我做了一個相當鮮明的夢，這狀況不常發生，但當它發生時，總是非常深刻。當我醒來時，這個夢感覺如此真實，讓我不得不打電話給那個出現在我夢中的朋友，確認它並不是現實。

　　連續幾個小時我一直有很奇怪的感覺，因此必須不斷提醒自己這只是個夢，從來都沒有真的發生過，但夢有時就是這樣，它們感覺非常真實，一直要到它們慢慢淡去，你才能回到日常的生活。

　　當你想到自己對於這一生的夢想時，感覺又不太一樣，對嗎？我一生的夢想往往也是心的願望，我夢想工作、配偶、孩子或房子。我們的夢想可以是那些我們希望可以成真的事、我們已經以心靈之眼看見過的事，和我們真正想要擁有的東西，

這一切都不是壞事——只要我們把夢想放在正確的位置，沒有承諾、沒有保證，只是夢想。

夢想與使命的召喚不同，你的使命既確定且強大，你的使命是神為了這個地球和你的心而存放在你內在的東西，它不會消失。美國暢銷作家蕾貝卡·李昂（Rebekah Lyons）曾說，你的使命是當你負荷的重擔和你的才能互相碰撞時，才會發生。

> 你的使命是神為了這個地球和你的心而存放在你內在的東西，它不會消失。

而我是這麼想的：你的使命是銀行裡的現金，你的夢想則是你能想像花掉那些現金的所有方法。另一種比喻的方式？你的使命是廚房裡所有的食材，而你的夢想是所有運用那些食材的方法。

為什麼我們需要區分它們？因為你需要有夢想——廣大、美麗、大膽、瘋狂、而且你相信它們會發生。但是你的生命需要圍繞著你的使命而不是你的夢想去建構，你的夢想會隨著時間而改變，有的會實現、有的會消逝，但你的使命永遠會保持真實。

 勇 氣 練 習 ....

列出幾個你為自己人生所規畫的夢想，你如何看待這些夢想中所展現的使命？

PART.5

勇敢努力工作

努力工作不是因為膽小

Day
33

你受造是為了什麼？

身體不是只有一個肢體，而是由許多肢體構成的。
—— 哥林多（格林多）前書 12:14

神特地創造了你是為了什麼？這個問題的答案似乎並不是生來就知道，而是需要走過生命、跌跌撞撞、高低起伏，經歷過所有事情之後，你才會注意到哪些事物一直吸引著你，哪些事物又完全不在意。

我希望你想想這一切將如何使你更顯重要，而不是更虛無。身體並不是由一個單獨的結構放大成一個巨大的個體，而是由各種不同但又相似的部位整合在一起，共同運作而成。在今天這段經文中，我們讀到基督徒在基督的身體裡各自代表著不同的部位，而你在這個身體裡擔任什麼角色則由神來決定。

那麼，你知道自己是為了什麼被創造出來的嗎？我們知道。作為基督徒，我們都是為了讓人們迎向基督而受造的，但實際上，你該如何運用你獨特的構造去做到這一點？

答案是什麼？去問神吧，花點時間在祂所說的話語中，神總是會與我們說話，與你和我說話，祂會

> 你慢慢會學會識別你最愛之人的聲音。

透過祂的話語對我們說。祂也可以透過其他人讓你聽到祂的心聲——透過你的牧師、你的事工領導者、你的父母、甚至你的朋友。我認為神也會透過聖靈在你內心低訴真理。

那麼，你怎麼知道神在什麼時候跟你說話？

老實說，聆聽神說話是種非常個人的經驗，我不敢聲稱自己是個專家，但是，那就像我媽媽叫我的時候我可以認得她的聲音、或是當我的朋友從馬路對面的餐廳對我大喊時，我可以認出她的聲音一樣，你慢慢會學會識別你最愛之人的聲音。

所以練習傾聽吧。你可以這樣禱告：神啊，我想聽到祢的聲音，跟我說話，教我如何聽見祢在我心裡低語，或聽見祢透過別人對我說話，請告訴我祢想讓我做什麼來實現我的使命。

然後等待、傾聽、記下你所聽到的，勇敢地與你的朋友或你信任的導師分享。想要提高聆聽神的能力，最好的方法就是練習、並讓別人幫助你。

 勇 氣 練 習 ....

今天花點時間聆聽神、禱告、待在寧靜中、思考、傾聽。把你的聖經和日記放在身邊，看看神今天要向你說什麼？

Day
34

一個使命

恩賜有多種，卻是同一位聖靈所賜；事奉有多種，卻
是同一位主所賜；工作有多種，卻是同一位上帝賜給
每人工作的能力。

—— 哥林多前書 12:4-6

當我在學校教書的時候，我的學生們學會了寫「五段散文」
的方法。也許你還記得，那包括一個開頭段落、一個總結段
落，和三個主要重點，這三個重點會論述整篇文章的主題，解
釋這篇文章的主旨。

我認為我們的人生看起來也是這樣的。我們每個人的人生
都有一個主旨，也就是主要的重點——一個使命。

每當感受到使命召喚我的時候，我總是試著想弄清楚我
的人生重點是什麼，因為它可能有不同的呈現方式。到目前為
止，我認為我的人生重點是：成為人們的朋友，透過對人們慇
勤的款待，讓我們一起從中學習到一些事情。

　　我有一個朋友名叫傑森，他幫一個音樂家伴奏低音吉他，同時也是巡迴旅行時的領隊，這聽起來就像兩個完全不同的工作，例如，當樂團中的一個人在舞臺上演奏樂器時，另一人要去確認旅遊巴士什麼時候出發。但事實上他的人生重點是：讓每個人都能保持在正確的位置上。他很清楚自己擅長什麼，就像低音吉他為整個樂團演出維持正確的節奏，他的使命就是幫助人們維持在正確的位置上。

> 工作會來來去去，而你的使命不會改變。

　　耶穌是個木匠，同時也是我們的救世主。耶穌拿起粗糙原始的材料並把它們轉變成重要的物件，他也把一些壞掉的東西復原，這並不是因為祂有兩份不同的工作，而是那些都是他使命不同的呈現方式，他的人生重點以不同的觀點呈現。

　　工作會來來去去，而你的使命不會改變。無論你擔任家長、導師、教學、護理還是建築的工作，重點不是你做什麼，而是你怎麼做。

　　展現你的使命的方式有許多種，請神幫你找到你的方式。請記住，天賦有許多不同種類，但神是這些天賦的源頭，不要害怕嘗試不同的使命表達方式，不要讓失敗的恐懼使你遠離神希望你做的事。

　勇　氣　練　習　···

努力為你的生命寫下一個人生重點，你生命中所有的工作、夢想和機會的主旨是什麼？你會怎麼形容它們？

Day 35

使命的多重樣貌

我一心要尋求你；求你使我不背棄你的誡命。

—— 詩篇 119:10

也許前幾天你花了一些時間試著弄清楚你的使命是什麼，也許神會給你一個清晰的圖像，而你正在探索它在你生命中看起來是什麼樣子。

在你和主一起探索的過程中，不要聽信敵人的話，它會試圖勸阻你。聽著：你現在去找尋你的使命並不嫌太老，也不會因為你還太年輕所以不曾以各種不同方式展現你的使命。

在寫作、演講、出書和旅行之前，我在小學任教過，實際上那是我一直夢想的工作，我對自己小學時的記憶猶新，尤其是我的老師雅博思小姐，我真的很愛她，記得從三年級開始我就想過，這正是我想成為的人，這就是我想做的工作。

幾乎從那一刻起，我就希望成為一名教師。後來我上了喬治亞大學、學習如何教學，然後在小學教書，我真的很愛這個工作。

我特別喜歡冬天的時候，布告欄因為多了許多聚會的消息而變得很精彩……我知道這聽起來讓你很吃驚，好像我成為一個老師只因為「我喜歡參加聚會」，我真正的意思是，我很開心看到孩子們學習到很多東西。

> 我有兩份全職工作，兩種截然不同的職業，但是我的使命一直都是一致的。

我喜歡大聲念書給他們聽，我喜歡參與他們的日常生活，那真是一份夢想中的工作。當我在做那份工作的時候，我也志願加入當地的教會青年事工組，同時開始為他們編寫課程，然後有一天，我們的青年牧師生病了，他們希望我來代課，這一切像滾雪球般，最後我擁有了這兩份同等重要的工作。每天從學校回到家，我會花一整夜寫東西，然後第二天在去學校的路上，我會喝所有經過的咖啡店裡所有的咖啡因飲品來提神。

我感覺好像是神把這個機會放在我面前說：「嘿！這裡有寫作和演講的工作，你想試試嗎？」

神問我是否想要有勇氣，而我說是的。

所以我擁有兩份全職工作，兩種截然不同的職業，但是我的使命一直都是一致的。

我相信我們都有一個使命，它可以用很多種方式呈現。一個使命、多重樣貌，勇敢去探索它們。

神是否揭示了一些不同的方式來呈現你的使命？

Day 36

在每一小塊上努力

計畫周詳的人富足;行為衝動的人貧苦。

—— 箴言 21:5

當我還在小學教書的時候,我做夢也沒想到自己會寫書,我幾乎無法想像自己可以寫出我有多想要講故事的整個過程!然後,我開始經營一個部落格,每天提起勇氣去寫。

我從整個拼圖中的一小塊開始著手。

然後,我為一群每週一晚上來我家的高中女生寫了一本學習聖經的書。那是拼圖的下一個小塊。

然後,這些印刷出來的課程變得完美而獨特,這本書被世界各地成千上萬的女孩閱讀著,然後我的下一本書《談愛》(*Speak Love*)出版了,然後是《讓我們都勇敢一點》(*Let's All Be Brave*),然後是《尋找可愛》(*Looking for Lovely*)然後即將又有一本要出版(我保證這次不會用L字母開頭了)。

為了完成這拼圖中的每一小塊,我必須勇敢地在我當時所

處的位置上工作，雖然我可以有更大的夢想，或希望當時的情況有所不同，但我知道自己該做的事情就是在我所處的位置上寫和說，勇敢地待在神幫我安排的地方。

> 你今天應該要做什麼？
> 做擺在你面前的事。

所以現在我們來到這裡，你和我，我們正在與恐懼戰鬥。

那麼，你今天應該要做什麼？

做擺在你面前的事。

如果你的夢想是希望有一天成為你公司的總裁，那麼現在開始，作為一名員工的你每天上班都不要遲到。今天無論你處於什麼樣的狀況或位置，都盡你最大的努力，那將會引領你到拼圖的下一小塊。

就像今天的經文所說的，好的計劃和辛勤工作會引你走向豐盛。如果你想享受實踐使命的成果，就在今天這個位置上努力，在每一小塊上努力。

看看你今天的生活，你是否能看見使命的一小塊展現在眼前？

Day

37

你的使命能帶你去哪裡？

上帝能以運行在我們當中的大能成就一切，遠超過我
們所求所想的。

—— 以弗所（厄弗所）書 3:20

　　比方說，你正努力完成你的拼圖的一部分，你知道你的使
命是什麼，你知道自己現在正在做什麼，無論那是你的專業還
是閒暇時的工作，你覺得自己正在完成使命拼圖中一件更大的
部分 —— 也許你已經確切知道那是什麼事、也許你不知道、甚
至也許你改變主意了！

　　我無法告訴你我在大學裡認識的人當中，有多少人改變了
他們主修的科系，或是哪些人在學校專攻的是某個科系、畢業
後卻做一些完全不同的事。

　　關於你的使命，最酷的一點是：永遠沒有終點，即使上一次
你沒有勇氣去追求機會，但這一次你卻可以更勇敢一些。

　　那麼你的使命能帶你去哪裡？答案是無限可能！如果你不

確定那到底是什麼，只要勇敢地去找個人，坐下來，並且對他說：「嘿，能幫幫我嗎？」

我在納什維爾的一個朋友就曾經這麼做過。一直以來他都是個音樂家，但他不確定自己是否還要再繼續下去，於是他邀請了我們一大群人到他家吃飯，並且要我們告訴他：「我在你身上看到的長處是……，不過，也許你的使命看起來更像是……。」

> 關於你的使命最酷的是永遠沒有終點，即使上一次你沒有勇氣去追求機會，但這一次你可以更勇敢一些。

他並沒有要求我們幫他找到他的使命，而是要求我們幫忙找出使命的其他呈現方式。他知道自己的使命，但他是為了什麼而去實踐這個使命？是為了有趣還是財務需求？還有別的他能做的事嗎？

邀請人們進入你內心那些更深的問題，可能會讓你感到恐懼，如果他們說了一些你不想聽的話怎麼辦？勇敢地傾聽，勇敢地表示不同意。

你的使命會帶你去哪裡？神知道，如果你夠勇敢，很快你也會知道。

勇 氣 練 習 ··

當你想要知道你的使命可以帶你到哪裡時，你能邀請誰來參加這一類的談話？有誰是你可以信任、願意將你自己的夢想和故事與他分享，並且可以幫助你集思廣益的？

Day 38

當你的使命與你的工作不同

> 無論做什麼，你們都要專心一意，像是為主工作，不
> 是為人工作。
>
> —— 歌羅西書 3:23

當你被困在一個與你的使命不同的工作時該怎麼辦？有時候，你做的工作並不是你的使命，甚至與你的使命相差很遠，讓你覺得你每工作一個小時，你就以相反的方向遠離你的使命。

在這種情況下，你仍然要忠於你的工作 —— 因為你是為了主、而不是為人工作。

我做過不是我的使命的工作，我的意思是，我在 Local Taco 墨西哥卷餅餐廳工作時，並不是在完成我的使命（即使它很好吃），但我需要賺錢，所以我按時上班、踏實工作，我盡了最大的努力，直到我不再在那裡工作，而我從那段時間裡獲得了很多。

幾乎沒有人能夠在知道他們的夢想之後，立刻就找到自己

的使命，然後順利得到夢寐以求的工作，我們所有人都有一些不是很喜歡的工作，但我們還是必須做。

幾乎沒有人能夠在知道他們的夢想之後，立刻就找到自己的使命，然後順利得到夢寐以求的工作。

當我還在試著搞清楚自己未來的工作會是什麼樣子的時候，我真的很窮——我的意思是，當時日子幾乎過不下去，不得不向父母要錢、與其他人共乘車來節省汽油、在分類廣告的網站上賣東西等等。而我很多朋友也是這樣，當時我們之中有許多人都在創作生涯的起步階段，走這幾步，看起來就像是和小說《孤雛淚》的主角奧利弗一起混在領救濟粥的隊伍中一樣。我當保姆、在當地的墨西哥卷餅餐廳工作、在網站上找一些編輯或寫廣告詞的工作來做。

我四處奔忙，不得不如此，如果我當時不努力從事那些與我的使命無關的工作，我永遠也沒辦法達成我現在所做的事，這個我所熱愛的工作。

你必須有足夠的勇氣去相信，即使你不想。你現在必須勇敢地努力工作，以爭取到日後的回報，而它真的非常值得！

勇 氣 練 習 ....

今天在工作中做一些需要一點勇氣的事情：提出一個新想法、嘗試一些有創意的方式，或是與你平常想要避開的人聊天。

Day

39

在工作中找到你的使命

所以，親愛的弟兄姊妹們，你們要站穩，不可動搖。
要不辭勞苦地為主工作；因為你們知道，為主工作絕
不會是徒然的。

—— 哥林多前書15:58

讓我們多談一談我在Local Taco墨西哥卷餅餐廳的工作，
因為，感謝墨西哥美食，讓我在那裡也能夠實現我的使命（並
定期吃美味的墨西哥卷餅）。

如果我的使命是好好款待人們，並讓他們學到一些東西，
那麼我在墨西哥卷餅餐廳的工作的確可以做到！我讓客人感覺
我像一個朋友般，能夠幫他們找出最喜歡的口味，並整理出各
種選項，而我只是我，做擺在我眼前的工作。

無論你身處何處，你都可以完全做你自己，而且這是你的
選擇。

那麼，你是否能夠勇敢地在你不是很滿意的工作中，去尋

找你的使命呢？

假設你的夢想是成為一名護士，你是否能夠勇敢地說：「我一直夢想成為一名護士，因為我喜歡照顧別人，而現在我在餐廳工作，但是，我仍然可以照顧人啊。雖然我無法挽救他們的生命，但我可以照顧我的同事，照顧我的客人。」

檢視一下你目前的生活，能不能發現你的使命已經在那裡了？即使你的工作看起來不像你想像的那麼好。

不管是誰發薪水給你，神都對你有信心。祂相信祂創造的你在各方面都與眾不同；祂相信所有在你心中沸騰的夢想；祂相信你有能力站穩腳根，迎向下一次勇氣的召喚。

> 無論你身處何處，你都可以完全做你自己，而且這是你的選擇。

我也相信你。我相信你拿起這本書一定有理由，而且這個「花100天專注於勇氣將改變你的生活」的想法對你很重要，你想勇敢一點。在你身體中央的那個位置——介於你的胸和脊樑之間、我喜歡稱它為「全知者」的地方——知道你想要勇敢。

無論你現在的工作是什麼、也無論你將來要去哪裡工作，你都可以勇敢地找出你的使命。你是獨一無二的、是特意創造出來的、被深愛著的、並被召喚要勇敢。

 勇氣練習 ···

能不能列出幾個理由，說明你目前的工作最適合這個時期的你？

Day
40

努力工作

辛勞工作，生活無憂；終日閒談，必然窮苦。

—— 箴言 14:23

堅持、努力工作、不要退縮。

我屬於千禧世代的一分子，而其他世代的人們對我們這個世代有著刻板印象，在所有優缺點中，千禧世代給人最具代表的印象就是，我們不像父母輩那樣努力工作。但我得說實話，我真的不喜歡持續不斷地努力工作。

我不知道你的情況，不知道你是哪一個世代的人，以及你們那個世代以什麼特性著稱，但我並不是想加深我們這個世代給人的印象。

每當我說我會去那裡或我想去那裡，無論「那裡」指的是哪裡，通常我都很守時，事實上，我喜歡早三分鐘左右到達。

我們的新實習生海爾剛好在辦公室裡的微波爐壞掉的那天開始上班，那不是她弄壞的，只是她正好在微波爐的前蓋玻璃

碎成千萬片的那天來到公司。我當天下午有一個會要開，當我
離開時，我只是向她提到：「你經
過時要小心一點，等我回來時會清
理乾淨。」

> 不管你在做什麼，或不
> 管你被要求做什麼，都
> 要努力去完成它。

　　兩小時後我回到辦公室，海爾
已經把所有的玻璃碎片打掃乾淨了。這本來不包括在她的工作
中，我也沒讓她這麼做，只是她覺得這個有點麻煩的問題需要
解決，所以就把它完成了。她並不是想在第一天上班給我們留
下好印象，事實上在整個實習過程中，海爾都保持著這樣的態
度（這就是為什麼在她大學畢業後，我們立刻雇用了她）。

　　我看到她的勇氣，走向不是一個她煮出來的麻煩，並努力
清理它，直到現在，我印象都還非常深刻。

　　當你非常努力工作時，你的收穫會很多。你會獲得尊重、
可以保住你的工作、獲得良好的聲譽，也許那並不總是很有
趣，但那是你想成為的人，不是嗎？你不想成為一個努力工作
並因此為人所知的人嗎？

　　不管你在做什麼，或不管你被要求做什麼，都要努力去完
成它，你確實會得到回報。

 勇氣練習 ·······························

今天努力工作吧，朋友，我說真的，試著去付出比你所擁有的更多，
然後看看它會帶來什麼。

Day
41

你與誰一起生活和
你怎麼過生活一樣重要

> 朋友互相切磋，正如鐵和鐵磨利成刃。
>
> —— 箴言 27:17

當你在找工作或追尋你的使命時，如果你拋棄了所有重要的人，那麼你就會錯過好好完成工作或使命的機會。

這樣的例子很常見，對吧？人們超級努力，每天投入十五個小時工作，但他們沒有任何朋友，回到家也只能面對破碎的關係。

我們必須勇敢地找到平衡點，即使有金錢上的壓力（我們通常都有，不是嗎？），即使工作有壓力，我們還是要勇敢地去平衡工作和生活，因為我們都需要人際關係。

剛開始在納什維爾生活的時候，我結交了一群像家人一樣的朋友，我們的經濟狀況都非常吃緊（其中有些人甚至可以說是「破產」），但我們都喜歡聚在一起，沒有人想獨自一個人吃飯，又負擔不起外食。

於是開始了家庭聚餐。

　　剛開始，我們星期天的儀式很簡單，就像經典兒童故事《石頭湯》一樣，每個人都盡己所能帶一些簡單的食物來拼湊一頓像樣的聚餐。

　　傑森帶來一磅碎牛肉、蘿拉把它炒熟、艾蜜莉切了一顆洋蔥、我們煮麵條、加一些胡蘿蔔（謝謝你，克萊兒），還有各種新鮮的蔬菜（來自喬，他是一位著名的詞曲作者，所以有足夠的錢買新鮮蔬菜），最後加了很多水。那鍋湯讓我們大家都很滿足。

　　埃文做了一些號稱密西西比河以西最薄的烤乳酪三明治，這都要感謝貝茜，她帶來了小小一塊切達乳酪，加上瑪麗莎提供的一條麵包，還有我的人蒜鹽。這些讓我們都填飽了肚子。

> 即使有金錢上和工作上的壓力，我們還是要勇敢地去平衡工作和生活。

　　每次來到這個家庭聚會，我都覺得很放鬆，好像大家原本就是我的家人，一週又一週，我們總是一起吃飯。

　　這個聚會並不總是完美的。當一個家庭裡擠滿許多追尋夢想的年輕藝術家時，情緒往往比平常亢奮（創意者以這一點聞名），人們有時會感到受傷，例如有時候被朋友排除在外，或太多人來卻忘了帶食物分享，所以沒辦法餵飽每個人。

　　然而，經過了數個月，這個傳統還是保存下來，我們每週都為彼此騰出空檔，優先考慮對方——在我們的時間、金錢和物資允許的情況下。

　　我們都需要這樣的聚會，不要因為追逐夢想或把使命當作最

重要的事，而放棄為人際關係付出。與他人分享你的生活。

今晚和某人一起吃個晚餐，打電話給朋友，或給家人發個簡訊，找
一個人一起出去玩，和那個人分享你的故事。

PART.6

❖

勇敢去愛

愛需要勇氣

Day 42

勇敢的人需要他人

> 兩個人總比一個人好，因為兩個人合作效果更好。一
> 個人跌倒，另一個人可以扶他起來。如果孤獨一個
> 人，跌倒了沒有人扶他起來，他就倒霉了。
>
> ——傳道書（訓道篇）4:9-10

　　某一年的 7 月 4 日，再過一個星期我就要從納什維爾搬到蘇格蘭的愛丁堡，要離開我的夥伴們讓我感到非常難過，雖然我知道是神要我去愛丁堡，只是與死黨們分開實在讓我心碎。

　　所以，在七月陽光明媚的日子裡，我們一群人花了一整天的時間沿著布法羅泛舟，當有人被急流從橡皮艇中拋出去時，大家都開懷大笑。我們帶足了零食一路漂流到佛羅里達，沒有人挨餓或口渴。當天空開始下雨，我們又笑了起來，因為我們一路努力保持乾燥的一切都濕透了。那真是永遠忘不了的一天，是那種你會告訴孩子的回憶。

　　當我們回到家時，時間剛好夠我們梳洗一番然後去看煙

火。我們走到停車場的平台上，找好位置欣賞煙火。我們是一群由友誼聯繫起來的小團隊，在我的左邊是柯特，一個當地樂團的經理，也是我生命中最負責任、最善

> 友誼需要去經營，友誼需要勇氣。

良的人之一；在我的右邊是琳姿，一個了不起的作家，同時也是我最好的朋友之一。

當眼淚開始在我眼裡滾動，我伸手勾住柯特的手肘，我們笑了，眼淚慢慢順著我的臉頰流下來，有沒有辦法阻止它們？我不知道，而且我已經不可能清楚思考這些了。我對琳姿說：「握住我的手。」然後一起往前走，我們三個人，被我的悲傷繫住一起，前去看煙火。

我心裡明白神希望我搬家，但我還是為了要離開我的同伴們而哀傷。然而，即始那是我生命中難以承受的悲傷，我仍然不會改變決定。

人們與電視頻道建立關係更容易，為什麼？因為你不必經歷任何痛苦的道別，你不會與那些節目產生摩擦，如果你不喜歡，放棄它就好，但是友誼需要去經營，友誼需要勇氣。

我們都需要別人，你必須勇敢讓自己去愛別人。而當你要做出勇敢的選擇時，你也需要得到自己的友誼團隊的支持。

 勇 氣 練 習 ....

給一個從前總是支持你的朋友寫一封信，謝謝他，告訴你的朋友他對你有多重要。

117

Day 43

你的家人

上帝愛我們，預先決定藉著耶穌基督使我們歸屬於他，
而有作他兒女的名分；這是他所喜悅的，是他的旨意。

—— 以弗所書 1:5

每個家庭都有自己獨特的特質、力量和痛苦。對許多人來說，愛自己的家人、甚至只是待在家裡，都可能比任何其他關係加總起來還更需要勇氣。

但神創造了一個完美的家庭，祂透過耶穌收養了我們這些有缺陷、而且常常是不健康的人，即使我們不可愛，祂也愛我們。這並不意味著我們被要求做一個完美的家人：它只意味著我們在祂的家庭中得到了完美的對待和照顧。

那麼，在你的家庭中，勇敢意味著什麼呢？那意味著即使你的家庭並不總是健康的，你也可以勇敢地去愛你的家人，意味著你可以勇敢地留在家庭裡，愛你的家人並創造一個家。

有一本偉大的書叫《絕望者之歌》（*Hillbilly Elegy*），如果

你還沒有讀過，拜託快點拿來讀一讀吧。這個故事是講一個在阿帕拉契農村長大、最後進了耶魯唸書、為自己創造成功生活的人，他打破世代相傳的規範，創造了一些新的東西。

> 即使你的家庭並不總是健康的，你也可以勇敢地去愛你的家人。

　　我從書中看到的一個重點是，他並不是來自一個健康的家庭（雖然在書中他完成很大的成就榮耀了家人），但他仍有足夠的勇氣建立自己的家庭，他有妻子和孩子……我猜他有孩子，至少他有毛小孩。

　　這就是我想說的，即使你的原生家庭有問題，你也有足夠的勇氣去建立一個自己的家庭嗎？

　　即使他們傷害了你，你仍然能夠好好地愛你的家人，那是什麼感覺？當然，每個人的情況都不同，有時，愛某些家庭成員最好的方式就是保持距離。

　　你覺得這樣如何？以神為榜樣，祂每一個呼吸都充滿寬恕和恩典，請求祂讓你和家裡那些讓你困惑的人一起得到智慧，祈求神讓你有勇氣與你的家人在一起，並像他們愛你一樣愛著他們，就像神愛你的方式。

 勇氣練習 ....

打電話給你的一個家人，感謝這個人多年來的愛和支持。也許家庭對你來說太複雜，我了解，那就打電話給一個對你來說一直都像家人一樣的人。

Day 44

你的朋友

要以手足之情相親相愛；要竭誠互相敬重。

—— 羅馬書 12:10

還記得我在第41天告訴你，我和朋友們的「家庭聚餐」嗎？我們的家庭聚餐成員已經很多年沒有聚在一起了，但去年12月，我們其中有許多人找到了彼此，大家圍繞在桌子和沙發之間，分享著辣豆炖菜和許多故事和笑聲。

由於有配偶和子女們的加入，人數比七年前多了許多，但感覺好像我們根本沒有錯過任何在一起的時光，閒聊持續了好幾個小時，友誼重新滋長，也吃掉了大量的食物。在接下來的幾天裡，我們當中的許多人討論了那天晚上的聚會對我們有多重要，以及關於友誼竟然可以如此長久存續，另外還聊到我們在一起的種種經歷。

我知道我現在所說的聽起來像一個很零碎的記錄，但你需要朋友、我需要朋友，而他們也需要你。

　　你需要勇敢地讓人們能夠親近你、並觸動你的生命。團體帶來的禮物是如此甜蜜，但你必須勇敢，放下你的防禦，讓這些關係在你的生活中發展。〈羅馬書〉12章10節告訴我們要爭相以禮敬的心對待彼此，那樣的愛會改變你，也會改變他們。

> 你需要夠勇敢讓人們能夠親近你並觸動你的生命。

　　耶誕節和老朋友一起吃頓大餐真是太棒了。那個把我們團聚在一起的東西——無論那是什麼，但它在多年前讓一群又窮又單身的朋友們在星期天晚上聚在一起做晚餐——仍然存在。我們仍是我們，這些人和每一頓晚餐，讓我成為一個更好的人，因為我的心斟滿了愛。

　　我很感激他們勇敢地讓我進入他們的生命，而我也勇敢地讓他們進入我的生命。

 勇 氣 練 習 ....

　拿起你的電話，撥給一個你很久沒見面的朋友。

Day
45

約會和婚姻

要專心信賴上主，不可倚靠自己的聰明。無論做什麼
事，都要以上主的旨意為依歸，他就會指示你走正路。

—— 箴言 3:5-6

我站在我的朋友羅布和艾米莉的客用化妝室裡，為前往一個我不想繼續下去的約會做準備。羅布在看高爾夫球賽，我化了妝，並試圖把我那髮量過盛的頭髮梳理成整齊的樣式。

在我準備的過程中，羅布問了我很多問題：這個人是誰？你怎麼認識他的？為什麼會答應他？

在這一連串審訊結束前，我哭了。

我不想去約會。幾個星期前，我才剛結束與一個很棒的傢伙的約會，而「重新開始約會」感覺就像把鹽撒在傷口上卻希望它能痊癒。

但總之我答應了，那是一個還不錯的約會，我們有很好的對話，他覺得我真的很有趣，而對我來說，這樣也已經差不多

了，然後我們再也沒有碰面。

和熟人約會也不能解決問題，我還是很傷心，那並沒有帶來療癒，但它確實建立一些對我有好處

> 我從未後悔能夠勇敢地把自己丟在那裡，努力去嘗試。

的東西——知道我必須讓生活繼續往前，而我會沒事的。

我曾經有過很糟的約會，也有過很美好的約會，甚至發展成親密關係，當然，其中也有一些人或某些片刻讓我回想起痛苦的回憶，但我從未後悔能夠勇敢地把自己丟到那裡，努力去嘗試。

如果你還沒有結婚，就繼續去約會吧，我說真的，把你自己丟到那裡，朋友，你只是需要去經歷它，即使它讓你害怕或茫然未知。

你會從友誼、約會和婚姻中瞭解神的愛和你自己的個性，而恐懼會試圖阻止你在那些關係中獻出你的心，不要讓恐懼得逞。

已婚的朋友，在你的婚姻裡保持勇敢、感謝你的配偶、勇敢地敞開心扉、溝通你的感受，不要讓歲月累積的傷口和痛苦在你們之間築起一道高牆。

當你感到被拒絕時，不要逃跑，勇敢地堅持下去，勇敢地原諒和被原諒。

勇 氣 練 習 ....

你們會喜歡這個的：已婚的朋友，邀請你的配偶出來約會吧！而單身的朋友，邀請一個人去喝咖啡，那個人可能會成為你的「某個人」，勇敢一點，去試試吧，不過是一杯咖啡而已！

Day 46

你的教會

愛是堅忍的，仁慈的；有愛就不嫉妒，不自誇，不驕
傲，不做鹵莽的事，不自私，不輕易動怒，不記住別
人的過錯，不喜歡不義，只喜愛真理。愛能包容一
切，對一切有信心，對一切有盼望，能忍受一切。

—— 哥林多前書 13:4-7

　　我不知道你在教會裡已經到達哪個階段，也不清楚你教會
裡的事。也許你最近才開始追隨耶穌，對教會事務非常熱衷，
我真的為你高興，但有一些事實你必須知道，就像任何關係一
樣，你與教會之間都會有動盪的時期，就像任何關係一樣，在
某些時候，有缺陷的人領導著你的教會讓你失望，這時你就需
要將〈哥林多前書〉第13章所說的愛付諸行動。

　　你知道為什麼教會有這麼多困難嗎？因為人、很、多。人
一旦多了，就很難避免會變成這樣。

　　在我所屬的教會最近經歷了一些艱難的狀況，說實話，我

已經不知道自己該怎麼去想，我甚至考慮是否要留下來。

我曾經問過我的牧師斯科特・索爾，如果留在一個讓你感到受傷或很難待下去的教會「會怎麼樣？他說：「那就是你要長大的時候了。」

哇！

作為一個基督徒，有時我們透過聖經和自己角力、有時透過人際關係掙扎成長。如果我們讓自己脫離教會，那就表示不再角力掙扎了，我們也失去了在我們內在爭戰，以便可以好好去愛外部一切的機會。

> 如果我們脫離教會，就等於脫離了信仰的大家庭、脫離了我們的支持系統。

當我們走到基督徒的社群之外，就應該要依從使命去愛別人、對彼此展現善意、將別人置於自我之前。如果我們脫離教會，就等於脫離了信仰的大家庭、脫離了我們的支持系統。

勇敢的基督徒會與教會保持連結，勇敢的人願意繼續待在教會裡，即使狀況變得艱難。

勇氣練習 ……………………………………………………………………

這個星期天上教會吧，如果你不知道哪裡有不錯的教會，打電話問問別人。如果你感覺受傷了，無論如何也要回去——回到你認識或不認識的人群裡，跨越門檻，看看接下來會發生什麼。

Day 47

尋找導師

跟明智人同行，就有智慧；跟愚昧人作伴，必受連累。

—— 箴言 13:20

「尋找導師」乍聽之下好像是可怕的想法，但事實並非如此，不需要那些奇怪的入門儀式、釘山、煙霧和終身誓盟，真的不必那麼激烈。

但你確實需要勇敢地把自己推向某個人，請求他或她傳授給你智慧，然而現代人都很忙碌，我知道我自己是，而我打賭你也是。

你有足夠的勇氣去問別人嗎？

首先，稍微平息一下你的恐懼，然後切記，當你尋求導師時千萬不要這樣做：走到某人面前說「你是我的導師」或「上帝告訴我你是我的導師」。

不！拜託，不要這樣。

我告訴你一個非常簡單的方法。找一個在你生命中很敬重

的人，他在人生的道路上比你早了兩三步，是個可以約出來一起吃晚餐，並且問他一些艱難問題的人。

> 勇敢地把自己推向某個人，請求他或她傳授給你智慧。

你不一定要為這個指引你的人貼上導師的標籤，而能夠作為你的導師的人也不一定只有一個，更不需要每兩週一次上課這些形式上的承諾。

在你生命的不同領域可以擁有不同的導師，一個工作上的導師、一個家庭的導師、一個關於使命的導師。

不要因為你覺得自己會造成別人的負擔而不敢開口問。

成年之後，我花了很多時間指導大學生，我真的很愛做這件事。在我指導、規範、並經常和年輕人混在一起的那段時期，是有史以來最幸福、最充實的我。

當你邀請導師進入你的生命，你會獲得極大的好處，但同時他們也會從中受益，因為神讓他們發揮那樣的作用其實是一種榮譽。

所以要勇敢，開口詢問，不要把它變成一件巨大而難以跨越的障礙，不需要要求一個人當你的導師，而是邀請人們進入你的生命，並從他們的智慧中學習。

 勇 氣 練 習 ....

本週，邀請一位年長、有智慧的人和你一起喝咖啡。

Day 48

你的網路生活

「你們是世界的光。建造在山上的城是無法遮蓋起來的。同樣，你們的光也該照在人面前，讓他們看見你們的好行為，來頌讚你們在天上的父親。」

—— 馬太福音 5:14-16

《電子情書》（*You've Got Mail*）仍然是我最喜歡的電影，在它第一次上映的時候，在網路上與一個人相遇的想法讓人感到既陌生又害怕，它創造了一個全新的領域，但現在已經不是這樣了。網路讓我們連結在一起，我很感激，在網路最美好的時期，我看到網路像一條線，將舊日的友誼串聯在一起，如果沒有它，這份友誼可能會就此失散。

今天的經文是關於成為世界之光，無論我們去到哪裡都要成為一道光，而在網路上也是。

在寫書之前，我先成為了一個部落客，在一開始的時候，我認識的人當中只有五個人有部落格，而我一開始就是為那五

個人寫作，他們都是我的朋友。我開始描寫我作為小學教師在課堂上的故事、我的教會經歷，以及經常發生在我身上一些好笑的事情。在我知道之前，已經開始有不認識的人在讀我寫的東西。

我的部落格讀者們目睹了我生命的開展，而我的光雖然有時霧茫茫、昏暗又充滿缺陷，但已經照亮了那些每逢我上傳新內容就會來我這裡閱讀的人。神被讚美了，即使我的錯誤百出，但讀者不必真正暸解我，他們可以透過我的生命去體驗神。

> 無論我們去到哪裡都要成為一道光，而在網路上也是。

使用哪一種社群平台並不重要，臉書、推特、部落格、IG、Pinterest 都很好，你有很多機會可以分享光、分享神、讓聽見你的聲音的人都認識祂。

然而網路並不是一個歡迎基督的媒介，你需要勇氣去分享你的信仰並成為耶穌的光，無論是否使用網路，我們要把科技當作神賜予我們去讚揚祂的工具，無論它的效果如何，或許我們可能要付出被「取消訂閱」的代價，但讓我們一起在網路平台上展現勇氣吧！

 勇 氣 練 習 ....

拍下這本書封面的照片，並上傳到你的社交媒體上，邀你的朋友一起加入這個 100 天的挑戰。請務必要標注 #100 天勇氣練習！

Day 49

你說的話很重要

太初，上帝創造天地。大地混沌，還沒有成形。深淵一片黑暗；上帝的靈運行在水面上。上帝命令：「要有光。」光就出現。

——創世記 1:1-3

如果我們回到〈創世紀〉這本經書、回到世界的原初，我們會看到神以祂的話語開始了這一切。當祂一開口說話，萬物就出現了，光、土地、蜥蜴，所有都起始於一句話語，而我們則是依祂的形象創造出來。

神勇敢地創造了你、創造了我，祂勇敢地創造了可能會讓祂心碎的人類。

〈箴言〉18章21節告訴我們，我們的話語有決定生與死的力量。在第12天的文章裡談到了這一點，而我在我的生命中也看到了這一點，我在友誼中看到了這一點，我在過去的回憶中，那些曾經對我說過的話裡看到了這一點。

　　如果我們所有人都有勇氣的種子等待綻放，言語就是太陽和水，可以完全激發這些種子。

　　幾年前的一個春天，我向我的十位女性朋友施壓，要她們加入一個月的體能訓練營，如果我們沒有累死，就可以在夏天來臨之前讓身材變得健美（值得一提的是，那幾乎累死我）。

　　那不是普通的訓練營，每天凌晨五點，我們要抵達離我們所住的社區外約20分鐘遠的地方，因此我們每個人都要在四點醒來，然後在太陽升起之前去鍛煉。

　　隨著一個月過去，老師注意到關於我的幾件事：(1)我在那裡一點也不享受，(2)我在班上總是出醜。

　　因此，典型的老師對待班級小丑的模式展開了：她總是把我放在隊伍前面，要我帶人家做伸展運動，而且過度頻繁地盯著我，我真的恨死了，儘管我平常喜歡成為大家關注的焦點，但不是在運動的時候。別煩我，讓我安靜地做四十個交互蹲跳，拜託。

　　在訓練營的最後幾天，我們必須完成一個穿越障礙課程。和每天的情況一樣，我總是最後一個完成

> 如果我們所有人都有勇氣的種子等待綻放，言語就是太陽和水，可以激發這些種子。

的人。結束的項目是必須拿著舉重球繞過圓錐障礙往前衝刺，當我要開始時，老師跑到我旁邊，在我的耳朵旁大聲尖叫：

　　「你做得到，安妮！現在不要放棄，快完成了！幾天前你還做不到這些！堅持到最後！」儘管我不願意承認，但它真的奏效了。她的話進到我的耳裡，給了我動力，讓我完成課程、上

了車離開、再也不回訓練營（開玩笑啦，我還是回去完成最後兩天的訓練）。

　　我想說的是，言語很重要。神希望你用你的話來鼓勵和談論生命，請求祂的恩典讓你這麼做，然後找到勇敢的機會，向這個破碎的世界說出真理和愛。

　　你今天可以激勵誰？誰需要知道你在為他們歡呼？去做吧！

Day 50

當關係發生變化

> 我舉目觀望群山；我的幫助從哪裡來？我的幫助從上
> 主來；他是創造天地的主。
>
> ——詩篇 121:1-2

每一段關係都會改變，這是一個艱難的現實，是一個讓我絕對需要抬起眼望向天、請求主幫我度過難關的現實，因為，老實說，我真的不喜歡變化。

作為一個單身的女子，我有過幾次分手的經驗，而那一點都不好玩。無論你是分手或被分手，它都很痛，如果你是被甩的人，你會認為另一個人沒事，但如果你曾經是甩掉別人的人，你就會知道事實並非如此。

分手讓人不舒服、悲傷，是一種很獨特的痛苦。也許我們可以徹底地與對方談談，直到聽完所有他或她所說的細節（無論真實或捏造），但即使這樣，痛苦仍然存在。

但你知道什麼才是那種無法好好談一談的分手嗎？就是當

友誼破碎時。

在我一生所有情感關係的破裂中，沒有一個能像和最好的朋友分手那樣痛苦，我甚至不知道那種感覺會持續存在，真的令人感到驚愕。

> 在我一生所有情感關係的破裂中，沒有一個能像和最好的朋友分手那樣痛苦。

即使塵埃落定後，我還是不知道該和誰說話，也不知道該有什麼感覺，不知道該怎麼理解之前發生的事。當你和死黨絕交的時候，你會怎麼做？你只能抬起眼望向神——你的救援、你的安慰、你的父親、你的朋友。耶穌在乎而且祂能理解，祂允許自己與父親的關係為了你而破碎，他可以同理。

這聽起來可能有些陳腔濫調，但相信我。我今天就這麼做，我選擇相信神和祂的心，知道祂的眼仍然注視著這整件事，儘管我覺得友誼正在以一種看不見的方式改變著，讓人感到有些痛苦、害怕，但相信這是勇敢的選擇。

如果你的關係正在以令人心碎的方式改變，不要試圖逃避痛苦，勇敢地讓耶穌進入你被撕裂的地方。

 勇　氣　練　習 ┈┈┈┈┈┈┈┈┈┈┈┈┈┈┈┈┈┈┈┈┈┈┈┈┈┈┈┈┈┈┈┈┈

你看到生命中的哪些關係在改變嗎？寫下來，並請求神告訴你在這變化之中祂在哪裡。

PART.7

❖

勇敢面對改變

變化總會到來

Day 51

改變總是會發生

> 一切美善的事物和各樣完美的恩賜都是從天上來的，
> 是從天父來的；他是一切光的創造主。他沒有改變，
> 也沒有轉動的影子。
>
> ── 雅各（雅各伯）書 1:17

你所擁有的一切，從你的健康到友誼，從頭上的屋頂到肚子裡的食物，都是神的禮物，甚至其它事物也是 ── 要感謝神不會改變！而我最喜歡祂這一點。

我們可以緊緊抓住永恆不變的神並且覺得安心，因為，在生命中所有其他的領域裡，改變幾乎已經是常態。你知道嗎？勇敢的人可以對一切放手，因為他們緊擁著神，即使事情開始變化。

在過去三個月裡，我看到自己的生命和工作產生了極大的變化。我對我的心理諮商師列出了一張清單：在這三個月裡，有哪些對我來說像北極星般重要的人（你知道，就是那些給你

指引、對你很重要的人）離開了我的生活，而答案是七，總共七個人。

但你知道嗎？我沒事。

如果我選擇生活在一個痛恨變化的世界裡，我會很痛苦；如果我選擇把所有的希望都放在人們身上，我也會很痛苦（這些我都試過了，而結果總是很慘）。

> 勇敢的人可以對一切放手，因為他們緊擁著神，即使事情開始變化。

我不喜歡改變，但我知道神所做的都是為我好，所以我可以說「天啊，這真是太糟了！」同時我又完全相信神在照顧著我。

神需要有人提醒祂一切都在掌控中嗎？不，朋友，祂不需要。而你需要，我當然更需要，我們都需要。

還記得嗎？祂是老闆，祂的計劃都是為了我們好，而且祂愛我們。這可以使我們勇敢，即使所有我們覺得安穩的事物都開始在變化。

 勇 氣 練 習 ....

列出最近你的生活中看到的一些變化，你如何看待神用這些改變來塑造你？

Day 52

為改變做好準備

耶穌基督,昨天、今天、直到永遠,都是一樣。

—— 希伯來書13:8

當季節開始變化時,我們從不感到驚慌,就像夏天結束秋天來臨,我並不感到驚訝,為什麼?因為我會看日曆、注意氣候模式、看到廣告告訴我該買靴子,我可以做準備,而我也確實做好準備。當冬天來臨時,我們都會確保自己有靴子和外套,對嗎?我們總是為這種變化做好準備。

那麼我們是否也能為身、心、靈的生活做好準備?

現在的我就是在緊追著一個不斷變化的狀況。整個夏天裡,主不斷對我說:「改變就要來了……變化來了。」我甚至把它寫在我的日記裡,好幾次。

隨著轉變不斷發生,我心想,神啊,祢對我真的很好。我在心理上已經先為改變做好了準備,因為神告訴我要改變,所以當改變真的發生的時候,這個改變並沒有讓我跌進一個坑裡。

那麼，我們的勇氣在這裡扮演什麼樣的作用？

看看今天的經文所說的：無論未來發生什麼變化，耶穌永遠不會改變。所以我們可以勇敢，因為耶穌是恆久不變的，即使我們自己的情況不是如此。

> 就像地球上的季節會變換一樣，我的生活也會產生變化。

我需要提醒自己：就像地球上的季節會變換一樣，我的生活也會產生變化。當我開始感覺到一點點轉變發生，就像秋天的第一個徵兆，或夏天第一個炎熱的日子總在春天的尾巴發生，我必須做好準備，看著改變的到來，並知道這都是生命旅程的一部分。

那麼你該如何做準備？

花點時間沉浸在神的話語中，花點時間和永恆不變的神說話，相信祂、注視祂、找出答案，然後讓季節改變，讓你的心也隨之改變。

 勇 氣 練 習 ....

對神寫下一段禱告，感謝祂沒有改變。

Day 53

微小的決定很重要

一個人種什麼，就收什麼。

—— 加拉太（迦拉達）書 6:7

當你經歷變化時，很小的決定也很重要。

每週去健身房幾次不會立即改變你的生活，但卻很重要。甚至你決定每週只去健身房一次，看起來不像是勇敢的選擇，但它確實是，因為一個小小的「Yes」可能是邁向正確方向的第一步，即使它不是一個大躍進。

當你處於變化之中，做出正確的小決定很重要，因為它們影響很大。

你知道，一個小小的決定在當下看起來並不會讓你覺得很勇敢。通常你想到勇敢的時候，可能只會聯想到一個大跳躍、一個大動作，那些顯然是勇敢的，但做出小而有益的決定也很勇敢，因為把精力投到那些看似微不足道的事情上，似乎違背人性的習慣。

然而，真正懦弱的生活方式是讓自己從問題中脫身、漠不關心、總是說「無所謂啦……」。

相反地，作出一些微小的決定，並在心裡懷抱遠大夢想則是勇敢的。

小小的「Yes」會導向偉大的「Yes」！

> 小小的「Yes」可能是邁向正確方向的第一步，即使它不是一個大躍進。

再從另一個角度來看小決定的重要性。生活中，當你說一些小小的「No」也可以幫助你做出偉大的事情。說小小的「No」可以在生活中給自己一些空間，允許其他東西成長。

就像一個花園裡，你不能對每一個種子都說「Yes」，如果你對每一個種子都說「Yes」而你只能栽種某些東西時，就不會有足夠空間讓它們生長。當你審視你的生命，哪些部分成長之後會給神帶來榮耀？什麼讓你滿足？什麼有益於你的心？問神這些問題。當你瞭解更多之後，看著生命的大局，不要對小決定掉以輕心。

勇 氣 練 習 ....

今天做一個小決定：一個對話、一頓飯、一封電子郵件，做一件勇敢的小事，看看它如何改變你的一天。

Day
54

說「Yes」

> 邪惡人沒有人追趕也逃跑；正直人卻像獅子一樣勇敢。
>
> ——箴言 28：1

說「Yes」會改變一切，那會讓你穿越一道門。在當下表示贊同並接受，有時這就是幫助你迎向下一個更大的「Yes」所必須做的事。我對實習的機會說「Yes」、對搬回瑪麗埃塔說「Yes」、對納什維爾說「Yes」、對蘇格蘭說「Yes」，我從蘇格蘭回來後，又對納什維爾大學的神職工作說「Yes」，感覺生命繞了一大圈。

然而我們不得不說「Yes」，即使它令人感到害怕、要付出代價，或是要迎向未知。我們不會因為對錯誤的事情說「Yes」而讓自己一敗塗地，我們會失敗，往往是因為讓眼前像遊行隊伍般流動的所有事物擦身而過，從不選擇縱身一躍、跟著隊伍漫遊到最後。

以一個單身女性的身分移居印度去開辦孤兒院、放棄你個

人的音樂生涯而加入一個不保證會成功的樂團、放棄你單身貴族的生活去結婚。

你可能曾經聽過這句話：對一件事說「Yes」，就是對其他所有的事說「No」，我想這是真的。如果我對大學同學的壽司晚餐派對說「Yes」，就是對我朋友的墨西哥晚餐聚會說「No」。如果我對一個城市、一個約會或一個需要幫助的朋友說「Yes」，我就是對所有其他的選擇說「No」。

如果所有這些「Yes」讓你感到不安或害怕，請放心，只要記得當

> 對讓你感到緊繃和害怕的狀況說「Yes」、對要求成為更好的你而你自己認為做不到的狀況說「Yes」。

你尋求神的指引時，祂會聽見，並為你做些什麼！如果你的生活臣服於祂，祂就會為你的生命帶來機會，你可以相信，當你說「Yes」時，祂會照顧你。

對健身房說「Yes」、對敞開的門說「Yes」、對讓你感到緊繃和害怕的狀況說「Yes」、對要求成為更好的你而你自己認為做不到的狀況說「Yes」、對只會來到身邊一次的時刻說「Yes」、對服務他人說「Yes」。用每一種方式、每一個你擁有的機會，對耶穌說「Yes」。

 勇氣練習 ....

今天對一件小事——朋友的要求、神要求你去做的事、一個活動的邀請、對自己有益的選擇——說「Yes」。

Day 55

說「No」

> 「陛下啊，即使他不救我們，你要知道，我們也絕不拜
> 你的神明，不向你立的金像下拜。」
>
> ──但以理書（達尼爾）3:18

　　你們可能已經聽過我談論這件事，我被〈但以理書〉第3章中沙得拉（沙得辣客）、米沙（默沙）、亞伯尼歌（阿貝得乃哥）的故事深深打動，這些年輕的以色列男子被俘虜成為奴隸，當時他們只是青少年，他們與但以理一起被送往巴比倫。

　　在〈但以理書〉第1章中，我們讀到他們十天以來對肉類和各種豐盛的食物說「No」，到了最後，他們因無比的毅力而受到尊敬，特別是在訓練的時候，為了公然抗議而吃得比其他士兵少得多。

　　多年後，那些年輕人成為巴比倫的高階管理者，其中但以理在皇家宮廷服務，當時的尼布甲尼撒（拿步高）國王建造了一座巨大的金色雕像──90英尺高、9英尺寬，然後，他決定

每當樂聲響起時，城裡的每個人都必須向雕像鞠躬並朝拜它，任何沒有做到的人都會被扔進一個熾熱的爐子裡。

我們那些以色列男子敬拜一位真正的神，沒有興趣向別的事物朝拜，當其他人說「Yes」時，他們卻說「No」。

你能想像那種勇氣嗎？當其他人跪拜時他們卻站著？明知道後果、明知道你自己的身分、明知道不會受到多少尊重，但還是選擇去反對你的老闆，也就是國王，而且在一個危及生命的狀況下，為什麼？

> 許多勇敢的「No」造就了美麗而勇敢的「Yes」。

看看今天的經文：「即使他不……」即使神不拯救我們，我們仍然會說「No」。

我希望自己總是有勇氣說：「我知道神能做什麼，但即使祂不這麼做，我仍然不會敬拜其他偶像，我仍然敬拜唯一真正的神。」

我知道神可以治癒我朋友的病，但即使祂不……

我知道神可以修復關係，但即使祂不……

我知道神會為我安排伴侶，但即使祂不安排……

我知道神可以在經濟上供給我，但即使祂不……

是嗎？即使、祂、不。

那三個人就是這麼說的，明知道自己命在旦夕，他們從不後悔。

他們很勇敢，他們說「No」，即使恐懼的聲音對他們低

語，他們也不去聽從，他們站在那裡抗拒著，相信神就是神。

許多勇敢的「No」造就了美麗而勇敢的「Yes」。

我不確定你是否每次都能正確地判斷——說正確的「Yes」和正確的「No」。我自己就不總是正確的，但勇氣不等於正確：勇氣是站出來嘗試。

勇敢地說出「Yes」，也勇敢地說「No」。跳進急流、走向熱爐、站起來、坐下、乘風而起，說出勇氣要你說的那句話，即使它是一個「No」。

 ....

今天你可以對哪一件事說「No」，並以此為將來一些更好的「Yes」騰出空間？

Day 56

在等待的時刻

要信靠上主！要堅強壯膽！要信靠上主！

—— 詩篇 27:14

找本來想比原定計劃提前一天從達拉斯飛回納什維爾。我厭倦了旅途奔波，所以在達拉斯突然改變計劃，希望我能比想像中提早24小時回到家。

當我想到可以提早到家，立刻就撥通訂機票的電話，在回答完所有自動語音問題後，我坐在那裡等待回應，實在等了很長一段時間，但因為我真的很想回家所以沒有掛斷電話，雖然我一直考慮是不是該掛斷。

這真是一種茫然的等待，你懂嗎？在那段等待的期間，我不知道到底什麼時候該掛斷電話，因為可能下一個就輪到我得到客服的回應，但也可能要再等上半小時。然後我開始想，如果我就這麼拿著電話坐在這裡，很快會輪到我嗎？或者，如果我掛斷電話後再撥一次，是否會跳過其他那些在電話線上等待

的客戶，立即與客服人員對話？

> 勇敢地保持耐心——不僅是外在，在內心也是。

我真的快哭出來了，我覺得自己似乎總是在等待，無論在電話線上還是在我的生命中，也許下一個就輪到我，也許不是。

你現在也困在等待的時刻裡嗎？當你已經做了決定、已經說了「Yes」或「No」之後卻要等待，你會怎麼做？接下來你會選擇往哪裡去？

生命充滿了等待的時刻，你可以勇敢地、好好地等待，勇敢地保持耐心——不僅是外在，在內心也是。

在耶穌的生命中以及今天的經文中，都向我們展示了這一點，耶穌富有同情心、親切，而且有耐心。

當我們記得主對我們是多麼有耐心時，可以幫助我們在等待的時刻裡保持耐心。等待我們的工作得到回報、等待一段關係癒合、等待審判結束。

當你全然依賴那位永遠有耐心、永遠在我們身邊的天父時，你會發現，自己可以在任何等待的時刻都表現勇敢。

 勇 氣 練 習 ....

目前在你的生命中處於什麼樣的等待時刻？在這裡或在你的日記裡寫下來。

Day 57

當你堅持不懈

我們所遭受這短暫的痛苦，要為我們帶來無可比擬的永久榮耀。我們並不關心看得見的事物，而是關心看不見的事物。看得見的是暫時的；看不見的是永恆的。

——哥林多後書 4:17-18

艾米・斯特魯（Amy Stroup）唱了一首名為〈抱持希望，親愛的〉（Hold On to Hope Love）的歌，這首歌陪伴我無數的夜晚，我已經數不清有多少次向神哭訴，我緊抓著「希望」這個懸崖的手已經粗糙斑駁，這時候，放手讓自己陷入絕望似乎容易些。

而真相是什麼呢？放手是容易些，但它不會是勇敢的。這不是神為我的生命所寫的故事，也不是神為你寫的故事，所以，請堅持下去。

不要因為很痛苦或困難而放手，不要因為你覺得堅持下去是荒謬的而放手，一點也不荒謬，堅持住。

我朋友的夢想是收養一個小孩，但已經有好幾個寶寶進入

了她的家庭生活，最後卻還是和生母一起回家，而我的朋友仍然堅持著。克里絲蒂厭倦了每天無盡頭的跑步，但她想跑馬拉松，

> 不要放棄生命、不要放棄神、不要放棄自己。抱持希望。

所以她不會放棄，她堅持住了。邁克和他的妻子為學生經營了一個營地，那裡的建築物破敗、工作人員辭職、游泳池總是散發出一點氣味（只是一點點），他們的工作變得非常艱難，但在夏季，每一週他們都看到耶穌為學生們現身，所以他們可以堅持下去。

我討厭人們說：「神永遠不會給我們那些超過我們能力所及的。」主要是因為我不認為這是真的，在聖經中並沒有記載這個。聖經確實說過：沒有任何我們無法忍受的誘惑會來找上我們（哥林多前書10:13）。你和我只需要勇敢地堅持著，即使我們覺得掙扎已經超過我們的手所能承受的。

要多久？我認為答案是堅持下去，直到主很清楚地說你應該放手了。問問神、問問你信任的人、問問自己的心，但是當你聆聽的時候，要忍耐，並保持堅持不懈，直到神和其他人很清楚地告訴你應該放手了。

不要放棄生命、不要放棄神、不要放棄自己。

抱持希望，親愛的。

 勇氣練習 ....

告訴別人你相信那個試圖堅持下去的自己，讓別人鼓勵你（也許聽聽艾米·斯特魯的歌，我想你會喜歡的）。

Day 58

當你放手的時候

> 不要老記著往事；不要沉湎在回憶中。看哪，我要有
> 新的作為，事情已經發生，你們看得見！
>
> —— 以賽亞書 43:18-19

放手對我來說一直很難，然而我一次又一次看到，只要願意放手，它就會成為強大的催化劑，讓神藉由它來推動我走向下一個更好的事物。

如果我對瑪麗埃塔無法放手，就無法緊抓納什維爾。

如果我對納什維爾無法放手，就無法緊抓蘇格蘭。

當你知道下一個想要緊握的事物，就稍微容易對現在的放手，我喜歡戲稱它是「猴子欄杆選擇法」，你會願意放開眼前緊抓的欄杆，是因為可以看到下一個你想抓住的欄杆。

更進一步的勇氣是，當眼前沒有任何東西可以抓住時，你還是放手。那樣的放手是最難的，那時你的勇氣會從身體裏湧上來，而你的內在必須像鋼一樣。每逢那樣的時刻，神都會出

現，出現在聖經裡、同時也在你的生命中，像電影畫面一樣在你的腦海裡一幕又一幕地播放，提醒你祂值得相信。

> 只要願意放手，它就會成為強大的催化劑，讓神藉由它來推動我走向下一個更好的事物。

有時，你不得不放開那些對你有害的事情——上癮、虐待的關係、惡習等等，而這也需要勇氣。不管事情對你有好處還是對你有壞處，如果那對你來說不是「最好的」，你就必須放手。

這指的可能是一段關係、一份工作、一個城市、一些金錢，或舊日的傷痛。每當到了放手的時候，你會知道的，你的手指渴望放鬆，但你的心乞求它們堅持住——不是因為那樣對你最好，而是因為對未知感到害怕，但只有在放手之後，你的手才可以自由地去抓住下一件事。

放手吧，就算看不到下一個欄杆也勇敢地空出手，即使看不到未來，你也能信任神——因為祂值得信任！

我不知道對你來說那到底是怎樣的感受，所以我無法確切地描述給你聽，但我知道勇敢地犧牲總是值得的。

所以，朋友，放手吧。

 勇 氣 練 習 ....

公益作家鮑勃・戈夫（Bob Goff）說每個星期四都戒掉一些東西。

這個星期你能戒掉什麼？

Day 59

當改變帶來傷痛

我們知道，上帝使萬事互相效力，叫愛上帝的人——就
是他按照自己的旨意呼召的人都得益處。

—— 羅馬書 8:28

　　我的生命經歷了很多改變，地理上的變遷、職業的變更、關係的變化。但我並不喜歡變化，那真的不是我的最愛……你現在應該稍微可以理解我了吧。

　　然而，朋友，變化仍然持續發生著！每當我認為生活一帆風順的時候，就會發生另一個變化。

　　聽好了，如果你從這本書的這個小章節裡完全沒學到什麼，如果我也沒有從自己經歷過的所有變化中學到什麼，那麼我們都該聽聽這個：勇敢的人可以接受改變，因為他們記得改變對自己有好處。

　　但那並不意味著你必須熱愛改變、尋求改變或想要改變，也不意味著當一些原本可以很完美的事情在中途發生意想不到

的轉折時，你應該歡慶。那意味著如果你夠勇敢，就可以帶著希望與平安走過改變，相信神的承諾是真實的，而所有發生的事情都是有益的。

> 勇敢的人可以接受改變，因為他們記得改變對自己有好處。

有些變化是受歡迎、值得慶祝、並且很有趣的：升遷、懷孕、簽約、訂婚、搬新家！但即便是這種生命中好的變化，有時也讓人覺得困難或有壓力。

另外有一些其他的變化，那些壞的變化，讓人覺得似乎沒有一線希望。改變常常帶來傷害、常常是痛苦的、甚至是毀滅性的。

也許你剛失去了工作，而今晚要與你配偶談這件事，你需要振作自己；也許你的核磁共振檢驗結果出來了，一切正常，正如你之前所想的。

記住，一個勇敢之人的喜悅並不取決於周遭的狀況，神很清楚這一點。無論發生變化的是什麼，你的家人、你的事業、你的情感關係，祂知道你的痛苦，祂關心你的痛苦，祂希望你在祂給你的力量和知識中勇敢地生活，一切都是為了你好、一切都在祂的掌控中。

 勇 氣 練 習 ....

你知道這幾天一起談論改變之後，我有什麼希望嗎？我希望改變成為你計劃中的一項，你可以為你的生命騰出一些空間，而且你勇敢地選擇這麼做。

PART.8

勇敢堅持下去

有時一切都令人傷痛，
即使你很勇敢

Day 60

生命是艱苦的

「我把這件事告訴你們,是要使你們因跟我連結而有平
安。在世上,你們有苦難;但是你們要勇敢,我已經
勝過了世界!」

—— 約翰(若望)福音 16:33

生命是艱苦的。你不需要我告訴你,對吧?

我不知道自己到底一頭栽進了什麼,但我本來以為事情會
比這更容易些。也許我已經是這個星球上最遲鈍的人了,但每
當生命中發生悲劇或者情況產生意外的轉折時,總還是讓我覺
得很吃驚。

幾週前我到了德州,當時我把手機轉換成飛行的關機模
式。當我在飛行期間,所有的電話業務都停止,但是當飛機輪
子一著地,所有活動又恢復正常,我總是會很興奮地查看在飛
行過程中收到哪些簡訊,通常會有兩個或三個簡訊,如果幸運
的話則多達五個。

然而這一天有七十九個簡訊。在納什維爾和達拉斯之間一定有事情發生了。我的手機螢幕被一大堆簡訊擠爆，我的視線甚至跟不上收訊的速度，它們橫掃我的螢幕。但有個字一直吸引我的注意——死亡。

有人死了，我不知道是誰，訊息閃過我眼前的速度實在太快了，而恐慌在我的胸口上升，因為我知道有個悲劇剛剛隨著我降落在德州。

> 你可以傷心、可以生氣、可以混亂，但你永遠沒有理由絕望。

接下來的幾個小時，我被悲傷、啜泣、改變航班、預訂航班和不知道該怎麼辦的時刻填滿。

這就是悲劇的原貌，對吧？它偷偷溜到你身上，把你的世界送進一個失控的混亂裡，然後連著幾個星期、幾個月、幾年都陷在疑問、痛苦、悲傷和悔恨中。

我在我所愛之人的死亡中感受到了這種滋味；當我的牧師站在教堂的講臺上說他要離開時，我感受到這種滋味；當一個簡訊傳來說我們的關係已經結束時，我也感受到了這種滋味（用簡訊分手？我知道，真的是最爛的方式）。

生命並不總是容易的。事實上，我想我愈來愈相信生命常常是不容易的。我的朋友邁克・福斯特（Mike Foster）是非營利組織「擁有第二次機會的人」（People of the Second Chance）的創始人，他曾在推特上說過一段話，我非常喜歡，甚至想刺青在我的手臂上：

「生命原本就是混亂、艱難和怪異的，我們不需要再表現得

驚訝。」

　是吧？如此簡單而精闢，同時也如此重要、必須好好記住（所以我才有刺青的想法）。

　神知道生命是痛苦的。

　所以，是的，你可以傷心、可以生氣、可以混亂，但你永遠沒有理由絕望，即使事情變得悲慘和黑暗，不要絕望，你比那還要勇敢。

 ....

　我不知道你現在正在面對什麼樣的傷痛或悲劇，但我知道，正如邁克所說的，生命是混亂、艱難和怪異的，允許自己今天去感覺那些。

Day 61

失敗是不可避免的

你們看，天父多麼愛我們！甚至稱我們為上帝的兒女；事實上，我們就是他的兒女。

——約翰一書 3:1

如果你覺得我很有趣的話，一要謝謝你，二要感謝我爸爸。關於爸爸，我有很多可以談的，其中包括他是個非常有趣的人。

我們經常在電話上交談、彼此分享笑話，例如，如果我在晚餐時和朋友講了一個故事令他們大笑，幾乎第二天我就會立刻給爸爸打電話，告訴他這個故事，並描述餐桌上其他人的反應（可能還包括我們吃了什麼，因為我們是一群美食家）。

經常在掛斷電話之前，爸爸會說：「誰愛你？」然後，在我還沒來得及回答之前他會說：「爸比，爸比愛你。」

讓我提醒你一下，已經將近二十年沒有人叫他「爸比」，但這仍然讓我感動。

為什麼我會這麼喜歡？我想是因為當別人提醒你「你是被愛著的」時，感覺真的很好。我過著一天又一天的生活，無論贏或輸，在心中都帶著這個真理。那讓我勇敢。

當你知道誰愛你，你就知道你有安全的角落、你可以在哪裡休息、當你失敗的時候可以去哪裡（如果我是第一個告訴你這一點的人，我很抱歉，但無論你勇敢與否，你都有可能失敗）。

> 失敗不會讓你成為「失敗者」，嘗試新的東西會讓你更勇敢。

失敗不會讓你成為「失敗者」，嘗試新的東西會讓你更勇敢。只有當我們讓失敗定義我們的時候，才真正成為問題。

勇敢的人不會用「失敗者」這個詞來定義自己，而是讓失敗的經驗教導他們。

勇敢的人知道，因為他們被天父愛著，所以可以失敗、失敗、再失敗，而他們和天父之間的一切都不會改變，不會有任何改變。

勇敢的人有勇氣，因為他們知道，無論怎麼樣神都愛他們。

 勇 氣 練 習 ....

我在浴室裡放著一支白板筆，這樣就可以在鏡子上寫筆記。你也為自己找支白板筆，並在鏡子上寫下：「我被神深深愛著。」讓它留在那裡一個星期，看看它如何影響你的心。

Day 62

不要害怕

> 「你要記住我的命令：要堅強，要勇敢！不害怕，不沮
> 喪；因為你無論到哪裡，我——上主、你的上帝一定
> 與你同在。」
>
> ——約書亞記（若蘇厄書）1:9

請不要讓恐懼戰勝你。

勇氣對每個人來說都不一樣，因為每個人都有神所賦予的
獨特使命。

一直徘徊在你心中揮之不去、又不知道如何回答的大問題
是什麼？那是不是一個你不敢回答的問題？也許是像搬家、換
工作或關係變化一樣大的問題。

你應該收拾行李搬家嗎？你已經五十歲了，還應該轉換工
作跑道嗎？你應該和那個已經維持十年「純友誼」的人發展戀
愛關係嗎？

如果你不對這些問題說「Yes」的原因，單純只是因為「我

請不要讓恐懼勝過你。

害怕」，那麼你需要尋求主，並要求祂幫助你勇敢一點，然後依據祂的指引來回答這些問題。

康納不知道他在范德堡大學四年級時對棒球說「Yes」（而不是在大三時被徵召去大聯盟）會讓他在球場上以及未來離開納什維爾的生活帶來最美好的一年，這同時也為他在畢業後的棒球生涯贏得更高的選拔評分。

愛緒莉並不知道她答應搬到堪薩斯城，成為「國際禱告殿」（International House of Prayer）的實習生時，那個後來成為她丈夫的男人也做了同樣的事。

當我第一次去蘇格蘭旅行時，我不知道我的生活將永遠與那個國家和那裡的人連結在一起。

朋友，我們看不到未來，所以當我們往前邁步時，必須對恐懼說「No」。

神希望你「堅強又勇敢」，為什麼？因為祂掌握著一切！你的生活、你的計劃、你的未來。

神關心那些，祂和你在一起、祂和我在一起、祂和我們在一起。

 勇 氣 練 習 ....

你讓恐懼阻礙了你什麼？

Day 63

面對你的傷痛

縱使走過陰森山谷，我也不怕災害；因為你與我同在，你用杖領我，用棍護我。

—— 詩篇 23:4

許多年來我不斷掙扎著，試著解決我腦子裡關於神如何造就我、我是誰、我看起來如何的謊言，對我來說，這一直是件大事。

但這並不意味著我現在不再掙扎了。在九型人格（Enneagram Type）的分類中我是屬於第七型——總是想從我的痛苦中逃開，這是我的自然傾向。戰鬥或逃避，我會選擇遠走高飛。

而謊言總是會來到身邊。有時當我走上舞臺時，它們會對我耳語；有時當我看到自己的照片，它們則快速地刺我一刀；有時它會大聲尖叫，我無法形容它們尖叫的方式——持續、鄙俗且暴力惡劣。

當謊言在我腦海裡變得如此響亮時——那些說我醜陋、失敗、沒救、令人失望等等的謊言——我學到的第一步就是邀請

163

真理進來,所以我會站在那裡,或坐在那裡,或躺在那裡,然後說「真話」。

神造就我是有祂的意圖的。

神無條件地愛我。

神不會創造醜陋。

聖經以很多的篇幅記載著我是誰、我如何被完美地創造出來,以及神如何珍惜我。一遍、一遍又一遍。

這個星期我與諮商師談到最近那些對我大聲尖叫的謊言。我告訴她我在哪裡聽到、那裡有誰、當時我穿什麼,講了許多超過她想知道的細節,因為當這些讓別人知道時,一切就會變好。

> 讓別人知道時,一切就會變好。

那會變好是因為當你大聲說出來的時候,你就是在面對它,而那是勇敢的。告訴別人你的痛苦——不管是敵人植入你腦海裡的謊言,或是你掙扎度過毀滅性的狀況而產生的痛苦——都是勇敢的。

當你面對痛苦的時候,看著它、叫出它的名字,你就會開始經歷療癒。而把傷痛壓抑下來或試著忽略它會怎麼樣?那不勇敢、不健康,隱藏它不會帶來療癒。

面對你的痛苦。把它交給神、把它交給你的諮商師、把它帶到另一個人那裡,在那裡找到療癒。

 勇氣練習 ....

朋友,你受傷了嗎?別再逃避它了。

Day 64

邀請某人走進你的傷痛

掩飾自己罪過的，不能有幸福的人生；承認過失而悔改的，上帝要向他施仁慈。

—箴言 28:13

我記得我八年級的時候，接到朋友布列塔妮的電話：「安妮，我已經想出一個辦法可以讓我們在五月的舞會前減肥。」我全神貫注地聽著，她說：「我們可以吃腹瀉藥。」所以大約花了一星期的時間，我真的吃了，但讓我告訴你，再也沒有比那更可怕的經驗了。我變瘦了嗎？幾乎沒有，我覺得太可怕了，我的頭髮失去光澤，胃一直不舒服。

我認識許多為飲食失調而掙扎的人，那真是一個痛苦的迴圈，感覺那就像一件可恥的事情，讓那些掙扎著的人變得遮遮掩掩，為了隱藏他們的痛苦而更受苦。

此外，當人們與任何形式的秘密罪行扯上關係之後，就會變得有戒心、難以捉摸和悲傷，而這就像潰瘍或傷口，如果你

> 當黑暗暴露在光之中，它就無法徘徊。

遮蔽它，它會開始潰爛，但如果你去看醫生，就可以走上康復之路。

所以不要獨自守著秘密。請與你信任的人談談，當黑暗暴露在光之中，它就無法徘徊。

你可能需要心理諮商師或牧師，或者你也可以邀請朋友來傾聽，但這個人在你的生命中必須比一個朋友還要更具權威。

〈箴言〉28章13節所說的是事實，那是神說的話。罪惡和痛苦會在黑暗中茁壯成長，它們最喜歡秘密。而且，朋友，我很清楚，你必須勇敢地將那些可恥的事情告訴那些你希望他們會喜歡你的人。

試試看，你會感到驚訝的。你會驚訝於人們總是願意給予善意，你會驚訝於光如何迅速消除黑暗，不管你的頭腦告訴你什麼，當你敞開一切，你會感覺更勇敢。

 勇 氣 練 習 ....

朋友，告訴一個你信任的人，你正在經驗什麼樣的痛苦，別再獨自守著秘密了。

Day 65

神聖的曲折之路

人可能有許多計畫，但只有上主的旨意生效。

—— 箴言 19:21

你能夠了解那種狀況嗎？每當你認為你的生命朝某個方向前進時，總是會發生一些改變。你可能會說，等等，我認為我會成為一個護士，為什麼我進不了那個護理學校？

當我申請進入喬治亞大學教育學院時，那神聖的曲折之路就在這時啟動。還記得我說過當老師是我一生的夢想嗎？

我申請了教育學院，然而……第一次沒有成功。老實說，我在大學的前兩年是有點鬆懈，但我的成績並不差。當我的申請沒有獲准的時候，心裡想著：一直以來我只想成為一名教師，現在該怎麼辦？

那真的讓我心碎，因為我從來沒有想過其他的行業。因此，有好幾個月的時間我不得不找其他的事情做，並且安慰自己：好吧，我的生涯計劃已經改變了……

這是一條神聖的曲折之路，我不得不去走。而對我來說，走過那段路真是太好了，即使有很痛苦的部分。

> 走過那段路真是太好了，即使有很痛苦的部分。

幾個月後，一個專案計劃空出一個機會，而他們願意讓我加入，所以我又可以繼續追尋我的教學之夢了。

但主不止一次讓我遭遇神聖的曲折之路，每次我都不得不解決這個疑惑：如果我真的不能做我想做的事，該怎麼辦？

走在神聖的曲折之路上沒有樂趣可言，無論那是關於工作、戀愛、友誼、教會或是家庭，它們總是帶來震驚，總是讓你的計劃產生你不想要的變化。

但是，我們需要神聖的曲折之路，因為從長遠來看，唯有通過神聖的曲折之路，才能讓神帶我們到我們應該去的地方。

神就是神，祂愛你。所以很多時候，神聖的曲折之路可能只是祂用來讓你仰望祂，讓你勇敢提出一個最難的問題，像是：神啊，即使我不明白祢在做什麼，我可以信任祢嗎？

神看到完整的藍圖、你的故事的全部、你的未來。你可以信任祂，即使祂破壞了你的計劃。因為祂是善的，而祂愛你。

 勇 氣 練 習 ....

在你的日記裡列出生命中發生過的二到三個神聖的曲折之路，當你現在回首往事時，你能看到它們最終如何對你產生有益的結果嗎？

Day 66

為什麼毅力很重要

> 不但如此，在患難中，我們仍然喜樂；因為我們知道
> 患難培養忍耐，忍耐蒙上帝嘉許，上帝的嘉許帶來盼
> 望。盼望不至於落空；因為上帝藉著他賜給我們的聖
> 靈，已把他的愛澆灌在我們心裡。
>
> ——羅馬書 5:3-5

　　我是個很容易放棄的人，對我來說，離開一些感覺困難的
事情太容易了，無論是運動、友誼或節食。但隨著我的成熟和
成長，我正學習著當我堅持下去時，就可以產生勇氣。

　　很多次我都想離開寫作這個工作，真的是很多次，因為它
很困難、孤獨而令人沮喪（當然也有很多優點）。但我堅持下來
了，因為我看到腳前的光告訴我繼續往前走，繼續寫作。

　　喬伊·威廉斯（Joy Williams）有一首歌叫〈黃金絲線〉
（Golden Thread），每當事情讓我變得太緊繃，我就會重覆播放
這首歌，它提醒我，當我覺得自己好像被懸在一條絲線上，一

> 毅力會生出勇氣。

切似乎都無解時，最簡單的辦法就是剪斷絲線，但那可能是條黃金絲線，也許值得你繼續抓住它。

但這裡有些模糊的地方需要釐清。如果你處在一段受虐的關係中，我不會要你留在那裡並堅持下去。如果你試著想要在洛杉磯成為一個演員而你真的已經一貧如洗，我不會要你留在那裡並堅持下去。

但如果你是已經厭倦了為那個似乎永遠無法得到回應的禱告而奮鬥呢？堅持下去，保持毅力，因為毅力可以生出勇氣，而神確實會回應你的禱告。

如果你是已經申請了一所夢想中的大學但還沒有得到回音？堅持下去，保持毅力。如果你是想結束你的婚姻，因為你的婚姻已經變得和你當初想像的不一樣了？堅持下去，保持毅力（去做婚姻諮詢，但保持毅力）。

我的右手臂上有個白色小小的刺青寫著「毅力」，它提醒我：我想成為什麼樣的人、我想如何生活。

勇敢的人不會放棄，勇敢的人不會半途而廢，勇敢的人會了解在苦難中我們終會得到歡喜，因為它可以導向毅力，毅力會生出勇氣，而最終，它會帶我們來到對耶穌的希望之中。我們永遠都值得為希望奮鬥。

 勇 氣 練 習 ⋯⋯⋯⋯⋯⋯⋯⋯⋯⋯⋯⋯⋯⋯⋯⋯⋯⋯⋯

今天對你來說，毅力代表的是什麼？

Day 67

不要放棄

所以，我們行善，不可喪志；我們若不灰心，時候到了就有收成。

——加拉太書 6:9

哇！真是讓我印象深刻啊，看看你在這本書的旅程裡已經走了多遠，聽著，你已經來到第67天！真是驚人，你已經展現毅力了。

我接下來要告訴你一些事，希望你仔細聽。不要放棄，不要半途而廢！你正在重要的旅途上，你尋找著勇氣，而你已經通過一半以上神在這裡為你準備的考驗了。

你一直注視著你自己的生命——看著你的痛苦和快樂，以及使命——你一直在尋找勇氣。但是現在不要半途而廢，不要放棄尋找你生命中的勇氣，不要因為感覺太困難而放棄你已經參與的事情，不要放棄這本書。

尋找勇氣，做那些對你的身、心、靈健康的事，將會得到

豐盛結果的祝福。

你知道嗎？很多人都有這樣的通病：當你努力健身運動的時候，你會開始看到一些成果，你變得更強壯、感覺更好、你的衣服也變得更合身一點，然後你會說：

> 不要半途而廢！你正在一個旅途上。

「我做到了！」接下來，你就把所有健康的習慣拋在腦後。

不要那樣對待你的靈魂（或者你的健康習慣）。

如果你可以堅持下去 —— 如果你堅持花時間在神的話語中、寫日記、注視自己的內心、堅持選擇拿起聖經 —— 你就會得到一份豐盛的祝福。

不要停止相信，不要在這一刻放棄！

 勇 氣 練 習 ....

今天去散散步，回想這本書前三分之二的內容，看看你是如何因為堅持到現在而產生改變，並走向勇氣。

Day 68

當傷痛癒合

> 耶穌聽見了這話就說:「健康的人用不著醫生,有病的人才用得著。」
>
> 馬太福音9:12

我最近做了眼睛的鐳射屈光角膜層狀重塑手術(LASIK),簡單來說,就是近視雷射手術。它實在太神奇了,那是我所經歷過最接近奇蹟的一件事──就好像我曾是瞎子,而現在可以看得見!

但身體的感覺並不太好,手術後的下午我的眼壓很大,造成極端的疼痛,然而我知道這種痛苦是值得的,因為現在我的視力幾乎無瑕疵。

手術很痛,但那是為我們好、為了我們的健康。

有的時候,神也會為你做手術,不是因為祂想傷害你,而是因為祂愛你,想醫治你。我在自己的生命中看到了這一點──事情被中斷、罪過被暴露、秘密被揭穿,而這一切都是

為了我好，即使它很痛。

> 有的時候神也會為你做手術，不是因為祂想傷害你，而是想醫治你。

我們都知道這一點，但我們經常表現出不信任我們的外科醫生、覺得祂不適合我們。我們過著恐慌和擔憂的生活，想知道為什麼我們的生命充滿了痛苦。

當我們想起自己是需要耶穌的罪人時，我們就可以信任那位偉大的醫生。耶穌提醒我們，我們是需要醫生的病人。

我們看不到未來、我們不知道什麼對我們最好、我們會犯錯、我們說一些讓自己後悔的話、我們做事的動機不純正、我們生活在一個破碎的世界裡。

但我們的神是個療癒者，祂愛我們。我們可以勇敢面對破碎和痛苦，面對靈性的手術，因為我們知道神是最好的。

 勇 氣 練 習 ......

請神告訴你，你的一些傷痛到底該如何癒合。

PART.9

❖

勇敢尋求療癒

療癒往往是一種選擇

Day
69

神對你身體的旨意

你們不知道你們的身體就是聖靈的殿嗎？這聖靈住在你們裡面，是上帝所賜的。你們不屬於自己，而是屬於上帝。

—— 哥林多前書6:19

我的體重比同年齡的女性還重，那讓我很不喜歡談論體重的問題，而且大概從四年級開始就這樣了。我幾乎每天都在掙扎，感覺好像談起它，體重過重這個事實就會顯得更真切，而問題也顯得更嚴重。

從六年級開始我就一直在節食（或想節食），不知道你們是否也有人會在家裡放體重計，要知道，我超過三分之二以上的生命都與它相伴。

在二十出頭的時候，我被診斷出患有多囊性卵巢症候群（PCOS），在許多副作用中，這個病症會導致減重和胰島素代謝的困難。

我的青春期大部分時間都在想，一定是因為我沒有好好對待我的身體，所以它在很多方面都不能正常運作。但事實證明，原來疾病也在影響著我的身體。

當我還是個青少年的時候，非常專注在自己的身體、願望和需要上，但關於我的靈魂呢？我反而不怎麼關心。提到靈魂，我以為食物可以餵養它，每當我感到內在有空虛的地方，就試著用食物填滿。孤獨？吃吧。傷心？吃吧。慶祝？吃吧。

當我被診斷為多囊性卵巢症候群患者時，感覺就像走到隧道盡頭看到的一線曙光，原來這就是為什麼我總是瘦不下來，我想，這也是為什麼我恨自己身體的原因。我

> 神對你的身體（包括它所有的缺陷和疾病）有一個目的。祂想用你為祂帶來榮耀。

花了很多年的時間，到現在仍然掙扎著——但現在有了神的恩典，我已經從認為自己的身體永遠不夠好，到相信它是聖靈的殿堂。

雖然我已經在為自己的病症尋找治癒的方法，但情況仍然可能是你希望有天這個病症會消失，但它卻終生與你相伴。但請記得：耶穌可以讓一切萬物更新，總有一天，我們的身體和這個破碎的世界將可以完全療癒。而在當下，神對你的身體（包括它所有的缺陷和疾病）有一個目的，祂想用你，現在這樣的你，為祂帶來榮耀。

勇敢的人們會看著自己的身體，並選擇去看到他們本來的樣貌——承接神的偉大容器。

....

在接下來的幾天裡，我們將為你的健康全力以赴，為什麼？因為只有一個能夠好好工作的身體才能成為一個勇敢的身體。我們已經花了不少時間談論心和靈，所以讓你的心臟準備好，因為我們將深入談論我們的身體。

Day 70

紀律的節奏

我們受管教的時候，悶悶不樂；可是後來，那些因受
管教而經歷過鍛鍊的人能夠結出和平的果子，過著正
直的生活。

——希伯來書 12:11

幾年前的一個春天，我決定參加半程馬拉松，這其實是一
個荒謬的決定，因為我根本不喜歡跑步。

但我已經報名、繳費、並預訂了到佛羅里達的航班，然
後立刻後悔不已。但是其他和我一起做這件事的朋友——布萊
爾、凱蒂和艾米麗——也已經報名、繳費、訂了機票，所以已
經沒有退路。

比賽前，我下載了一個訓練程式到我的iPhone，並決定花
六個月的時間認真為這個半程馬拉松做訓練。

然而我並沒有做到。

所以當三月來臨，在我們為週末的比賽行程收拾行李前，

我在訓練過程中總共才跑了大約三英里。跑完全程是十三英里，而我只完成十分之一的訓練。

比賽過了三個半小時後，我才終於越過了終點線，桌子上只剩下三個紀念禮品，在數千名參賽者當中，我的官方排名是倒數第二，甚至有三位阿嬤用走的完成全程都排名在我前面。

接下來的一週，是我一生中最痛苦的一週，每一寸肌肉都在痛，真的是每一寸。我走路時，就像剛騎了一匹馬從緬因州到達佛羅里達海灘一樣，我只想像海星一樣癱在地上，連續兩天、甚至十天，用類固醇消炎藥止痛。

我的缺乏訓練——缺乏紀律——在那場比賽之後，真的回來教訓我了。

如果當初我認真地做訓練，在那場比賽中我應該可以表現得更好，賽後也可以經歷更少的痛苦，甚至可能願意再嘗試另一場類似的比賽。

> 紀律是在練習場上需要完成的工作，讓你在盛大的比賽前做好準備。

紀律對我來說感覺一直像是規則，而我天生就是個遵守規則的人。但是，當我自己就是制定規則的人，然後我還要試著來遵守這些規則時，就顯得不是那麼容易了。

但事實上，紀律並不是你必須依循的規則，也不是你必須遵守的法律。紀律是在練習場上需要完成的工作，讓你在盛大的比賽前做好準備。

那麼紀律到底是什麼？我不知道它對你來說像什麼，我只

知道我經常喜歡把紀律當成一種無聊和不必要的東西。但是，當你真的想要勇敢、並隨時準備參與一場盛大的遊戲時，你就必須練習它。

　　你的紀律，那種讓你成為最好的自己的節奏感——無論它是用來鍛鍊你的身體、你的心或你的靈魂——總是在你必須說正確的話、做正確的事、成為你所希望的勇敢之人時出現，它是讓事情變完美的練習，也是讓你變勇敢的修行。

 勇 氣 練 習 ....

你生命中哪一個領域可以更有紀律？

**Day
71**

請享受玩樂

這是上主得勝的日子；我們要歡樂，我們要慶祝。

——詩篇 118:24

昨天的重點是紀律，今天的重點是：享受玩樂吧。是的，玩樂！這兩件事超過你所能理解的同樣重要。你在日常生活中有開心地玩樂嗎？

把玩樂列為優先事項似乎並不是那麼重要或需要勇氣，但你必須勇敢地擺脫責任，破除那個「花時間玩樂，你的事業就會分崩離析」的謊言。

出去玩樂吧，和你的朋友一起享樂。做你小時候喜歡做的事情，因為它會讓你重新連接到一個單純的年代，當時壓力並沒有這麼大，你的心是一個可以簡單生活和愛的地方。

那就像是踏上一趟真正艱難的勇氣之旅前的深呼吸。

有一次我參加了蘇格蘭的宣教旅行，當時整個團隊陷入不停的爭吵中，有些事情出了問題，而我們處在這種緊張的狀態

下太久了，所以我們的領隊取消了下午三個小時的預定行程，帶整個團隊去玩極限飛盤爭奪賽。

我們撲倒在彼此身上、奔跑、跳躍和在空中飛撲，過程真的很激烈，而我們都玩瘋了。但是你知道發生了什麼嗎？我們每個人最後都開懷大笑起來。

> 那就像是踏上一趟真正艱難的勇氣之旅前的深呼吸。

這是一個很棒的例子，說明玩樂如何療癒、對我們有多重要，以及為什麼我們必須享受玩樂。堅守紀律和提起勇氣都不是容易的事，但如果在生活中不騰出空間去玩樂，你就會精疲力竭。當你卡在一個地方試著要自己勇敢時，表示你正覺得失敗感不斷湧現、恐懼不請自來，而這樣下去不會得到健康的釋放，所以去玩樂吧。

勇敢的人知道，玩樂不只是被允許的，而且很健康。

今天你好好玩樂了嗎？這是主創造的日子，你可以開開心心地玩樂，你可以盡情地玩和歡笑，放下你的待辦事項清單，因為神掌握了一切，對於祂，你可以完全放心。

 勇 氣 練 習 ....

去玩吧！說真的，做些有趣的事。

Day 72

請運動

> 所以，弟兄姊妹們，既然上帝這樣憐恤我們，我勸你
> 們把自己當作活活的祭物獻給上帝，專心事奉他，蒙
> 他喜悅。這就是你們應該獻上的真實敬拜。
>
> —— 羅馬書 12:1

　　正如標題所說，是的，運動。但不僅僅是為了身型好看，當然，運動會讓你看起來和感覺更好，但那不是你應該做運動的原因，每天做運動的生活方式與減肥無關。

　　你的身材不是問題，身材並沒有美麗或醜陋之分，重點是當你變得不健康時，身體就會受苦。

　　做運動並不表示要你去跑馬拉松，除非那是你想要的（我完全不懂那有什麼「樂趣」可言，但如果它讓你快樂，那就去做吧）。去散步、加入健身房或休閒運動團隊，出去動動你的身體。

　　你的身體需要受到尊重和善待，身體本來就是要動的，它

不該總是靜止的。

　　你的肌肉和骨骼需要足夠強壯，足以支持你在這個世界上去完成使命要你去完成的所有事情。

　　在〈羅馬書〉中，保羅（保祿）告訴我們要把自己的身體作為活活

> 身體本來就是要動的，它不該總是靜止的。

的祭物呈獻出去，而事實是，如果我們不照顧好自己的身體，就是限制了自己為神工作的能力。說真的，如果我們對自己的身體不友善，如果我們不好好對待身體，就是縮減我們對地球的影響力，我真的相信這一點。

　　神把我們放在這個星球上傳播祂的愛，成為祂的愛去愛我們周圍的人，祂給了我們這具令人驚嘆的身體，讓我們可以從A點移動到B點。

　　你知道什麼是不勇敢的嗎？成為一個成天窩在沙發上的人就是。照顧好身體、讓自己強壯而能夠幫助別人，這才是勇敢。勇敢的人做運動，並且把它當作服從神的一種形式。

　　你能做到的，朋友，我相信你。你應該停止把身體當作一個物體，隨你的期待去變小或變大、改變這裡或那裡，你應該把它視為神的殿堂，為了神的榮耀，用生命去照顧和使用它。

 勇 氣 練 習 ....

　　去散散步、去健身房、去游泳、做五公斤的重量訓練，就像瑜伽工作室的標語所說的，努力流汗。

Day 73

請吃蔬菜

那麼，你們無論做什麼，或吃或喝，都要為榮耀上帝
而做。

——哥林多前書 10:31

　　我非常喜歡冰淇淋（尤其是杏仁奶冰淇淋，因為我對乳
製品過敏），把它和巧克力碎片餅乾混著吃，感覺就像飛上雲
端，但我不能早、午、晚餐都吃冰淇淋，並不是因為我沒有能
耐或沒有這種欲望，而是我下定決心想要擺脫它。

　　我知道它對我的身體不健康，所以我選擇每週吃一次或每
月吃一次。節制是關鍵，朋友，節制，並禱告。覺得奇怪嗎？
也許，但相信我，當你坐下來要求主引導你如何吃，祂會辦到。

　　我慢慢學會了愛我的身體，愛神造就我的方式，所以我無
法想像用那些破壞性的食物或飲料來填充我的身體，我試著選
擇那些足以代表主的食物。

　　你給自己吃什麼樣的東西？

我知道大家的資源各自不同，有些人負擔得起直送到他家門前的新鮮水果和蔬菜，然而對另一些人來說，支付日常帳單是一場苦戰，我很清楚這一點。

但事情是這樣的，不管你的社會經濟地位如何，你應該慎選自己吃進了什麼，而不要只是囫圇吞棗。

> 你應該慎選自己吃進了什麼，而不要只是囫圇吞棗。

如果麥當勞是你今天的選擇，那麼蔬菜沙拉是不錯的選項，它和漢堡的價格一樣。

我不是說你永遠不能吃漢堡，漢堡很棒，但如果你漫不經心地只吃那些味道好的，而不選擇對你有好處的食物，你就不是在善待你的身體。

神把你的身體交付給你，這是有理由的，祂對你的生命有旨意，勇敢地讓你的飲食習慣成為有意識的行為。

神不希望你只是用生命的某個部分來榮耀祂，祂想要你的一切，祂想要你的每一個部分、你內外的一致性來為祂帶來榮耀。我們必須深思熟慮，照顧好這個禮物——我們的身體。

勇氣練習 ....

讓我告訴你可以做什麼，今天去一趟農夫市集。即使你不知道要買什麼，只要找到你附近的農夫市集，逛一逛，確認那些五顏六色的當季農產品，關心農人並問他們一些問題，買一些蔬菜，一些你知道可以在網路上查到如何烹煮的蔬菜，然後嘗試一下！

Day 74

請休息

早起晚睡，為生活整天勞碌是枉然，因為上主賜安眠給他所愛的人。

—— 詩篇 127:2

勇敢的人認知到有時候必須停下來。

我總是過著匆匆忙忙的生活，必須工作、必須運動、必須說「Yes」、必須試試看、必須努力工作。我的朋友，這些當然都沒錯。

但是，365天都匆匆忙忙地過日子並不是勇敢的人該做的事，當他們需要停止時，他們會停下來，即使那感覺很可怕，而且要付出代價。

然而，心靈的健康比你急著去實現的目標更重要，如果你精疲力竭，就無法達到目標。

休息不是件壞事，休息也不會使你落後，當然，它有時可能代價高昂，因為你可能不得不對某件事說「No」才得以休息。

但就像今天〈詩篇〉的經文所說的：神讓祂所愛的人休息。勇敢不是用自己的力量去征服世界，而是用你被賦予的能力去努力工作的同時，也相信一切都來自神——甚至你的匆忙勞碌也來自神，祂創造了你。

所以，當祂要你休息時，聽祂的。讓休息成為你生命節奏的一部

> 如果你精疲力竭，就無法達到目標。

分，那也是一種你必須選擇和邀請進入生命裡的一種紀律。當你看到別人在你四周匆忙勞碌、忘記休息的時候，不要感到煩躁不安，或覺得自己必須跟上他們。

勇敢地讓自己休息，並且知道自己需要它，知道它對你是健康的，知道即便是神也會休息。

 勇 氣 練 習 ……………………………………………………

打個盹、今晚早點睡、請一天假（甚至只是一個下午的假），找到你能夠休息的方式。

Day 75

安息日

> 「你有六天可以工作，但在第七天，你必須休息。」
> ——出埃及記（出谷紀）34:21

　　勇敢的人會守安息日，但不需要像在耶路撒冷守安息日那樣的形式，你不必在日落後禁止開燈，但你必須花時間遠離辛苦的工作，而且要有規律地這麼做。對我來說，我的安息日是星期三早上（因為我經常在週末工作）。

　　所以每逢星期三，從我醒來到下午兩、三點之間，我都讓自己「沒空」，每個人都知道那表示我有六個小時的空窗時間，不使用科技產品、不洗衣服、不匆匆忙忙。

　　我唯一會做的事就是休息和敬拜。

　　如果和朋友一起喝咖啡對我來說很放鬆，我就會和朋友一起喝杯咖啡。如果在湖邊欣賞神的創作讓我感到寧靜，我就會去湖邊散步。

　　我讀書，瘋狂地讀，一直讀到我厭倦為止，然後我會打個

盹。有時我會開車到田納西州的萊珀公園（Leiper's Fork），離我家大約三十分鐘路程，鋪張毯子在草地上讀一會兒書，當然，有時我也會在那裡打個盹。

> 要從工作中抽身一整天或只是休息幾個小時也很不容易，特別是當我知道還有很多事要處理的時候。

那聽起來真棒！的確很棒，但要從工作中抽身一整天或只是休息幾個小時也很不容易，特別是當我知道還有很多事要處理的時候。離開你的工作或稍微暫停你的使命需要勇氣，需要相信神仍然會支持我們。

然而安息日是一種使命，是一種如果我們擁抱它，就會讓我們的生活更美好的紀律。

朋友，我們不能讓「害怕錯過一個難得機會」的恐懼（當下年輕人稱為「錯失恐懼症」）贏過我們。

我們需要安息日，我們需要休息，我們需要人群，我們需要友誼。

勇敢的朋友們，請選擇去守安息日。關機、讓自己休息一下，對休息說「Yes」，對人際關係說「Yes」，對工作或使命說「稍等一會兒」。

 勇 氣 練 習 ....

找一本約翰・馬克・科默（John Mark Comer）的《花園城市》（GardenCity）來讀，這是一本很棒的書，有許多關於安息日的有用資訊。

Day 76

言語可以療癒

> 出言不慎如利劍傷人；言語明智如濟世良藥。
>
> —— 箴言 12:18

當我們使用語言時，有兩種選擇：建設或摧毀。

我可以告訴你一個又一個關於別人的話如何給了我生命、讓我成長、堅強、被療癒的故事，我也可以告訴你關於言語如何傷了我的心的故事。

言語，是非常強大的。

我很清楚這一點，因為我已經一遍又一遍感受過了。我七年級時的一個經驗，在我的心上留下了一個決定性的印記，那些話永遠改變了我。

那一年我的社會科老師是薩姆森先生，他的教室有很多窗戶，桌子擁擠地靠在一起，當時我坐在兩個男孩中間，在我最好的朋友後面。有一天，我看見其中一個男孩從我的朋友莎拉那裡借了一張小小的綠色紙條，開始一項一項寫下一個清單，

不知怎麼的，我很清楚那份清單寫的是關於我的事，雖然我看不見內容，但看他那樣寫，我就已經隱約知道會發生什麼，讓我既擔心又好奇。

下課後，馬克把綠色紙條撕成小碎片，在他走出教室時順手扔進了垃圾桶。所有人都離開教室後，我還在慢慢收拾自己的東西，即使薩姆森先生的眼睛盯著我的一舉一動，我仍然跪下來從垃圾堆裡挖出那些小碎片，然後塞到我那褪色牛仔褲的左邊口袋。

> 當我們使用語言時，我們有兩種選擇：建設或摧毀。

那天下午我回到家，在晚餐後上樓回到我的房間，把那些小碎片排在鋪著地毯的地板上，像要完成某種邪惡的拼圖，我拼拼湊湊直到那些撕裂的邊緣互相銜接，文字開始連在一起。當這些碎紙片都拼湊完整後，我開始用膠帶把它們黏好，由於碎片實在太小，最後拼貼成一層層透明膠帶交疊的薄板。

我開始讀那兩個臭男生鬼畫符般的手寫字，那是一份我們班上每個女孩的名單，後面都用一個詞語來形容她們。

我全神貫注在自己的名字上，看到關於我的詞語是這樣的：安妮＝鬆弛。

我知道有些言語曾經傷害了你，就像我曾經歷的一樣。因為只要你是一個人，就免不了親身經歷來自他人言語的痛苦。

我明白，因為我這輩子作為一個人，認識了很多人、和很多人談過，我也曾經對別人很刻薄。

看看今天引用的〈箴言〉經文，魯莽的言語真的很傷人，

但言語也能帶來療癒。勇敢的人不八卦、不用言語傷害別人。

　　勇敢的人用他們的話來療癒，以善意的言語談別人的身
體、心靈、精神是非常具有療癒作用的。勇敢的人讓神的福音
和智者的話語給自己的心靈帶來療癒。願你可以看見和感受來
自智者舌頭的療癒力量。

今天你可以對誰說話來提供療癒的力量呢？

Day 77

健全的人會為他人著想

> 耶穌說：「『你要全心、全情、全意愛主——你的上帝。』這是第一條、也是最重要的誡命。第二條也一樣重要：『你要愛鄰人，像愛自己一樣。』」
>
> —— 馬太福音 22:37-40

在高中時，我腦子裡充滿許多邪惡的耳語，說我自己有多不可愛、需要許多改變，以及神在創造我時是怎麼搞砸的。那時的我不知道可以稱這些耳語為「謊言」，所以我讓它們化膿而且不斷蔓延，直到它們像葛藤般糾纏包覆了我的靈魂。我就這樣生活著，在自我憎恨中度過了許多年。

有一次，在我大二的時候，媽媽帶我從足球練習回家的途中，問我一個尖銳的問題：「如果你不愛自己，你覺得你怎麼能夠愛你的朋友呢？」

我覺得很困惑，誰在乎我是否愛我自己？我這麼想。我記得我真的認為媽媽不知道她自己在說些什麼。

令人震驚的是，從來沒有一個青少年認為自己媽媽是最瞭解他們的人。

我媽媽沒有強迫我，只是讓我在腦子裡仔細思考她的問題。我不知道自己到底有沒有回答她，如果有，應該也只是一種青春期的焦慮反應，如：「嗯，媽，你根本不知道我有多愛我的朋友們，我也愛神，而這才是最重要的。」然後下車，帶著滿頭大汗、剛踢完足球的自己，一屁股

> 你必須愛你自己，才能好好愛別人。

坐進媽媽那張美麗的沙發，等著她為我們全家做晚餐（所以我想說的是，當時我還滿享受作為一個青少年的）。

這些年來，我一直會想起那段對話。現在當我成熟了，神把我從許多謊言中解救出來，教會我如何為真理而戰，我才意識到，媽媽當時是對的（這讓我倒抽一口氣）。

雖然，當我們沉溺於自我憎恨中時，我們在某種程度上也能愛別人，但只有當你處於遵循第二大誡命的那種愛之中，我們的愛才能擁有自由。

愛一個人就是相信他們。當有人相信你的時候，一切都會改變——你的舉手投足、你對待別人的方式、日復一日生活的方式。你也可以把同樣的禮物送給你周圍的人。

我媽媽是對的：你必須愛你自己，才能好好愛別人，就像耶穌親口說的——愛別人如同愛你自己。這真的是值得仔細思考的事情。

如果你真的勇敢、如果你追求真正的健全，你就會成長為

一個愛自己的人，而從這裡發展出愛別人的能力，健全、勇敢地人愛別人。

你愛自己嗎？你是否像神看待你一樣看待你自己？你有認知到自己是多麼可愛嗎？因為當你看到這些真相時，你會情不自禁地愛你的鄰居。

回顧今天的標題——健全的人會為他人著想——正因為他們先愛自己，才能愛別人。好好想一想，然後寫下：如果你活在真相中，你的生活和關係會變得不一樣嗎？你可以去愛別人，是不是因為神以及你自己對你的愛都滿溢出來？

PART.10

勇敢付出

付出你所擁有的，
世界將會變得更美好

Day 78

成為一個導師

你們要效法我，像我效法基督一樣。

——哥林多前書 11:1

　　幾年前，我和教會小組裡的兩個女孩一起聊到關於大學、男孩們、四旬期、還有一些關於女孩們的事。那天晚上我們還要討論小組的計劃，所以我提醒女孩們要帶著自己的日記本前來，但讓我驚訝不已的是，她們都沒有日記本。我花了一分鐘才想起，她們的年紀很輕，並沒有比我開始寫日記時大多少。

　　所以那天晚上，當女孩們抵達我家，我們一起吃完玉米餅湯之後，我從走廊壁櫥裡拉出一個巨大的透明塑膠儲物箱，向她們展示我那些不斷增加的日記收藏。

　　過去二十年裡，所有我的筆記、塗鴉、哭喊哀嘆都存放在這個箱子裡，我抽出幾本比較特別的日記，告訴女孩們關於我在那些生命時期裡的種種回憶。例如那本有著男孩和女孩黑白照片封面的日記，是我在大學一年級時開始寫的，曾經有一

以，我不小心把它留在教堂裡，讓我驚慌失措，因為那裡面寫滿關於我暗戀對象的一切。另外，有著神之盔甲手繪裝飾的日記，跟著我去我第一次帶團的宣教旅行。然後我給她們看了我的第一本日記，封面有著白色和金色的星星裝飾，內容甚至寫不到一半，但實在非常具有意義。

她們看到了一些關於我的歷史，而我也回顧了生命中一些成長的時期，對我們來說，這是一次甜蜜的經驗。

聖經要求人們以身作則，教導並傳授經驗給比他們晚了幾步的年輕人。輔導高中生和大學生為我帶

> 聖經要求人們以身作則，教導並傳授經驗給比他們晚了幾步的年輕人。

來很多歡樂。接受主教給你的東西，然後把它傳給那些在生命旅程上走在你後方的人們，是必要的事。

然而一種常見的障礙是，人們常常覺得自己不夠格。我是誰？有什麼資格來指導別人？如果你與耶穌同行，你就有智慧傳給那些還沒有與祂同行的人。

勇敢的人不只投身到自己的希望和夢想中，他們也把自己的智慧、時間和愛投注到他人身上。

 勇 氣 練 習 ······································

想出一個比你年輕的人，這週你可以帶他或她去喝杯咖啡，打電話給他或她，騰出時間出去玩！

Day 79

開拓前進的道路

你的話是導引我的燈，是我人生路上的光。

—— 詩篇 119:105

　　幾年前，我坐在納什維爾一家咖啡館裡，桌子對面是一個年輕單身女孩，正對我訴說著她的哀傷、痛苦和信仰的問題。

　　在她心裡，這些問題都與她的單身狀態有直接的關係（或許你也有同樣的想法），她沒有哭，但我手裡握著餐巾紙，怕她隨時都會哭出來。她對我講了一些故事，其中有許多讓我覺得好像是從我自己二十幾歲、作為一個單身基督徒時期的日記中抽出來的故事，而我對她說了一些我自己從來不知道應該也要對自己說的話。

　　「我知道那很痛，但神並沒有忘記你，祂正在向你展示祂對你的愛，即使是現在這一刻。相信祂，相信祂的話，相信祂的心。」

那時我剛開始公開寫我的單身生活，而這個女孩注意到了。她問我：「為什麼是現在？今年有什麼契機讓你終於想要公開談論它？」

「因為神，」我說：「祂只是向我明確表示了現在就是公開談談這件事的正確時間。」

她毫不猶豫說：「我真的很高興你這麼做。我們都需要開拓者，現在我看到你已經先這麼做了，所以我認為自己也可以做到。」

> 我們都需要開拓者，現在我看到你已經先這麼做了，所以我認為自己也可以做到。

我快笑翻了。開拓者？姐妹，如果我也算是開拓者，那麼我還真是整個團隊遇過最滑稽、能力最差、最愛發牢騷的領隊。

「你的話是我腳前的一盞燈，也是我路上的光。」當我淚流滿面、沿著小路向前走時，總是在腦子裡唱著這句。老實說，我從未想過這是我的道路，但也許我的痛苦能讓別人更寬慰一些？

親愛的朋友，已婚的或單身的、女性或男性，你正在為身後的年輕男女開闢一條道路，他們各自都會有成長的問題來挑戰他們，而他們也將為其他人引導前進的道路。

因為你為他們披荊斬棘，可以讓他們少一些痛苦，你流血的雙臂為他們證明了事實，你開闢一條清晰的道路來榮耀他們的腳步。

你有機會勇敢生活，你註定要這麼做，生來就是為了這個。它從來都不容易，也從來不是不需付出代價的事，但這正

是我們最想要的。

　　永遠不要忘記,當你往生命的前方持續邁進,你就是一個開拓者。

你是哪方面的開拓者?

Day 80

你擁有的一切都屬於神

大地和其中的一切都屬於上主；世界和世上的居民也
屬於他。

—詩篇 24:1

我們生來就有一種「這是屬於我的！」的心態。我的東西、我的錢、我的才能、我的簡歷、我作為一個人的地位……而這一切都塑造了我們的身分。

但是，神給了我們在基督國度裡的一個新的身分，現在我們是屬於祂的了，我們是祂的管家。所以你的時間、你的錢、你所有的資源、甚至你所有的故事——全都是屬於神的。

生活在這份理解中需要勇氣，因為本性讓我們聲稱自己擁有一切——我的、我的、我的！我們希望得到認同，並掌控生活中所有的美好事物，我們根據自己想要的來決定如何生活。

為自我而活？很容易。但如果你擁有的一切都是為了神而活（因為它就是），那就真的太勇敢了。

　　我很久沒有寫關於我的單身生活的事了，老實說，我還是常常有股衝動想當個默默的單身者就好，那會更容易些，我不必告訴你那些在我的書中會讀到的一些尷尬或悲傷的個人故事，其中有許多故事發生在我單身的每一天裡。

　　但是，我心甘情願向神的聲音臣服，神告訴我要用我的故事來鼓勵別人，但我知道那有時會很痛苦，而我還不夠堅強去寫下那些。

　　但我還是持續打著字，事實是，我所做的並不是透過我自己的力量。相信我，我的內心早就認輸了，我乞求能夠停下來、想要逃開。我只想放棄。

> 為自我而活？很容易。但如果你所擁有的一切都是為了神而活（因為它就是）？那就真的太勇敢了。

　　但神在我之中，溫柔問我是否願意為你而勇敢分享我的故事——這個故事其實是屬於祂的，就像我現在問你是否能為了別人而勇敢一樣。

　　如果現在是我談論單身問題的最佳時機，那麼現在也是為神帶來榮耀、為我們自己帶來美好的最佳時刻。

　　而你呢？你是否害怕分享自己曾經被救贖的見證，只是因為不想暴露你深藏的罪惡？你是否害怕放棄自己擁有的資源，只是因為怕失去需要的東西去做你想做的事？

　　你擁有的一切都是屬於神的，神一直對你很慷慨，即使你不滿意、受傷害，或在起起伏伏的生活中掙扎。你是否能夠勇敢地去相信神一直對你很慷慨，即使你沒有得到想要的一切？

　　祂一直都是，朋友，所有的一切都是祂的。因此，要勇敢好好地管理你擁有的每一件事來展現神的慷慨。

列出所有神信任你、讓你管理的禮物——時間、金錢等，一點都不能少，看看你要為這個世界付出的一切！

Day 81

慷慨分享你的時間

要讓貧窮的弟兄姊妹分享你所有的；要接待異鄉人。

—— 羅馬書 12:13

多年來，我一直在教會的大學事工組做志願的領導者，每週日晚上服務結束後，我們都會一起去體育館吃麥片粥，是的，麥片粥。大學生們完全樂在其中，真是太搞笑了，那時我的工作就是監督麥片粥供應桌。

這是我週日晚上最喜歡的時光，我一週又一週地和每個學生聊天、和他們互動連結，聽起來很傻，但這是我神職工作中一個很重要的部分，而我很愛這個工作。

也許你會想：好吧，我知道你很喜歡這個工作，但教會的什一奉獻可不是用來付給某個人專門監督麥片粥的供應好嗎？

沒錯，將所有時間奉獻在事工服務的教會同工都很愛事工的工作，而為了能夠生活，他們也領薪水。但你知道我為什麼要做這些事工嗎？因為我被賦予的事物並不屬於我，神相信我

是勇敢的，而且可以慷慨地分享祂給我在這個星球上的每一天。

> 我被賦予的事物並不屬於我。

我是否可以用花在供應麥片粥的那些時間為我自己的事業做些什麼？例如去享受一下手足美容護理？當然可以。但我想用神的時間向別人展示祂的愛。它為我帶來如此多的快樂，讓我花時間慇勤款待有需要的人……我想不到其他還有什麼消磨空閒時間的方式，會比做這個更有益。

神存在於時間之外，聽起來是不是很瘋狂？祂不存在於我們渺小的時間軸中，祂給我們的時間是由祂創造並屬於祂。所以，我的朋友，如果神對你慷慨，你也要勇敢、無私且慷慨地分享你的時間。我知道你可以。

敵人要你相信你的時間是如此珍貴，你需要保留它來為自己做些什麼。但是為別人服務、領導一個小團體、和你的鄰居交談、不管做什麼——時間都會因為做神聖的事而變得更寶貴，當你為他們付出你的時間，神就能透過這段時間給他們愛。

花時間為別人付出並不容易，我很清楚，但是，當不舒服的感受出現，試圖阻止你去做想做的事時，你是否還是能夠勇敢並慷慨地分享你的時間，並相信神有其目的？

 勇氣練習 ···

本週花一個小時為別人服務。

Day 82

慷慨分享你的智慧

> 如果你們當中有缺少智慧的，應該向上帝祈求，他會賜智慧給你們，因為他樂意豐豐富富地賜給每一個人。
>
> ── 雅各書 1:5

是這樣的，聖經直截了當告訴我們：如果我們想要智慧，可以請求神賜予，祂會大方地把它賜予我們，慷慨無私。

神對我們就是如此慷慨，祂送最好的禮物給祂的孩子們，而其中智慧是如此令人難以置信的禮物──這是所羅門王（撒羅滿王）向祂要的唯一禮物，雖然神已經告訴所羅門王可以要求任何東西（歷代志下 1:7）！

聽著，這就是你的勇氣的由來，神給了你智慧，而且非常慷慨大方（如果你沒有，向祂要吧！）。勇敢的人慷慨大方地向他人提供智慧（不是意見，而是智慧）。

很多人被一些想法卡住了：「我有什麼智慧可以提供？我才二十歲！」或者：「我才當了一年的基督徒。」當然，總是有

更適合的人可以分享他們的智慧。

但聽好，朋友，你總是會比別人知道的更多一些。

總是。

總是有人需要的。

也許你成為基督徒的時間只有三天，但總有人到了明天才決定要跟隨耶穌，所以你總是有東西可以提供給別人。你有足夠的勇氣相信這件事，並勇敢地分享你的智慧嗎？

我希望你還記得這個：通往勇氣的道路被神的智慧照亮，祂在聖經裡的話語、透過聖靈或透過他人傳達給你的一切，都讓你看見了那條路，你應該好好地運用、要求、深入鑽研那智慧。

> 勇敢的人慷慨大方地向他人提供智慧（不是意見，而是智慧）。

祂會給你智慧，而你也可以把它分享給別人。你有資格分享神的智慧，因為你擁有神。

你可以勇敢地相信這一點，我知道你可以。你可以勇敢地將智慧分享給一個比你年輕的人、兄弟姐妹、一個需要建議的親人，或者是一個比你年長的人，而他或她才剛開始新的信仰。今天就求神給你機會與他人分享智慧。

 勇 氣 練 習 ....

請求神賜予你生命的智慧（這是我每一天所禱告的）。今天花點時間，感謝一個在你生命中一直為你提供智慧的人。

Day
83

慷慨分享你的錢財

「沒有人能夠服侍兩個主人。他要不是厭惡這個，喜愛
那個，就是看重這個，輕看那個。你們不可能同時作
上帝的僕人，又作錢財的奴隸。」

—— 馬太福音 6:24

　　我永遠無法忘記 2004 年襲擊東南亞的海嘯，當時我是一名
教師，大家離開學校去歡度聖誕假期，當我們回來時，班上的
學生對這次的災難有很多疑問，而且渴望做些事情來提供幫助。

　　我們發現，可以透過紅十字會，捐錢為人們提供避難住所
和食物，因此發起了一個捐零錢計劃。學校的孩子們將帶來的
零錢投進罐子裡，每週五我們會把罐子拿到教室裡，將錢倒在
地上，然後一組學生們收集 25 分硬幣、另一組收集 10 分硬幣、
另外兩組分別收集 5 分硬幣和 1 分硬幣，最後，他們會將硬幣分
類排好。

　　你相信嗎？在一個月內我們共籌集了超過 1000 美元（沒有

一分錢被我的學生偷拿走）。這讓我們可以為那些亞洲難民提供二十多頂家庭用的帳篷。當捐零錢運動剛啟動的時候，我真的無法相信最後會有這樣的結果，特別是這個運動是由二十五個五年級學生領導的，而經由他們那可

> 你是否用你的錢來榮耀神？

愛的小手收集零錢、排列硬幣、並寫下送給全校學生家長的字條，他們成為僕人，神因為他們的奉獻而榮耀。

耶穌說你無法同時事奉神和金錢，那就是行不通。你可能不認為你愛錢更甚於神，但是你的錢都到哪裡去了？

你是否用你的錢來榮耀神？以一種為人們服務的方式。你是否對你的錢不負責任、靠信用卡生活？

神保守我們，因為我們向祂獻上什一稅和祭品，而祂用我們的錢把愛傳播給所有人，而當我們慷慨的時候，祂也大方地賜福給我們。

這並不容易，我知道！但你是否有足夠的勇氣相信，如果你慷慨分享你的金錢，那麼你就永遠花不完？

順從神的話，慷慨分享你的金錢，今天試著邁出勇敢的一步，然後看看神如何透過它賜福給他人——和你。

勇氣練習 ....

今天就把錢捐出去——捐給一個教堂、一個組織、一個朋友或一個你信任的團體。

Day 84

慷慨分享你的話語

懇切的話有如蜂蜜，使心靈愉快，身體健壯。

—— 箴言 16:24

　　勇敢的人用神的話語將愛說進人們的生命裡。勇敢的人讓神愛他們，並且知道他們有各種能力用自己的話語來表達愛。

　　今天的經文真是美麗又真實，你是否也曾和一個善用言語的人相處過？

　　我們可以用說話來傷害別人，或是用來散播消極、八卦、抱怨。

　　或者我們可以勇敢地走入一個消極、憤世嫉俗的世界，在那裡，人們只想聽八卦和負面消息，而我們可以仁慈寬厚地使用我們的話語，並藉由它們帶來生命活力。

　　如果我們專注在這一點上（把它當作我們的目標，日復一日，慷慨又親切地用我們的話表達愛），我們那些消極心態和習慣就會消失；謾罵會停止，因為它不再適合那個你想成為的

人；嘲諷會變和緩，因為你無法想像用你的話去傷害別人，即使你是無意的；不恰當的笑話可能還是會進入你的腦中，但不那麼容易說出口了。

當我們每天孜孜不倦地納入神的話語，那些微不足道的小事就會慢慢消失，神使我們煥然一新，一次又一次，然後我們就可以有意識地用寬厚仁慈的話語對待自己、對待彼此、對待神。

> 勇敢的人將愛說進人們的生命裡。

我希望你今天能寫張紙條，給任何人、給那些需要生命力的話語注入心中的人；我希望你能站出來支持那些不能為自己發聲的人。我希望你在說話前先思考、選擇你說的話，讓它成為光的禮物，而不是導致死亡。

朋友，勇敢一點，在這個用語言傷害別人的世界裡，讓自己與眾不同。用你的話來療癒，並經常地使用它們。把那些生命之語、從聖經中找出來的話，盡可能地送給更多的人。

 勇 氣 練 習 ....

給一個對你很重要、你愛的人寫張紙條，如果可以的話，把它當成郵件寄出，這樣他或她就會收到一封充滿驚喜的信！

Day 85

慷慨分享你的家

不可忘記行善和幫助別人，因為這樣的祭物是上帝所喜歡的。

—— 希伯來書 13:16

比爾是我第一個愛過的人。那時他是一個高大、金髮碧眼的十六歲少年，而我三歲。他很害羞、很安靜，總是聽我說話，因為我當時就像現在一樣很愛講話。他喜歡在晚餐時坐在我旁邊，而他從不錯過我們的家庭聚會。

在我三歲生日的時候，他送我一台塑膠玩具相機，相機一角一個五顏六色的立方體是閃光燈，當你按下按鈕時，它就會發出閃光。我確信他是地球上最酷的人。比爾是透過我們鎮上的兒童群益會（Boys and Girls Club）在「大哥大姐計劃」（Big Brothers Big Sisters program）中成為我爸爸的小弟弟。

我對比爾有許多清晰的記憶，爸爸每個月會接他來我們家好幾次，有時他會跟我們出去玩，或週末留下來住。

我記得當我打開生日禮物時，他坐在沙發上，而我仍然可以看見他微笑的臉，還有當我用塑膠相機咔嗒一聲發出閃光拍他的時候，他開懷大笑的樣子，玩具相機裡沒有膠卷，但他裝作不知道。

爸爸認識比爾很久了，因為從比爾八歲起，爸爸就在計劃中成為比爾的大哥。作為我所愛的第一個男人，我並沒有足夠的時間與比爾相處。大約在1983年耶誕節前後，比爾在一場車禍中喪生。當時我們從喬治亞州的梅肯參加完一個母親家族的耶誕活動回家，我爸爸的父親站在車道旁等著我們，我仍然記得透過擋風玻璃看見那個站在車旁、等著把消息告訴爸爸的傑克爺爺的樣子。

> 家是神聖的避難所，而慷慨分享你的家並不容易。

透過比爾、透過他的生和死，爸爸教會我一項功課——在我整個生命中，他持續地教我一遍又一遍：勇敢地愛你周圍的人，即使有時讓你感到犧牲或感覺失落。

我的父母歡迎比爾來到我們家，一次又一次，他們像對待家人一樣對待他。你知道嗎？我們失去他時心都碎了。

但是，當比爾還在這個地球上時，我們與他分享了我們的家和家人。

對許多人來說，家是神聖的避難所，那是一個讓你可以躲避黑暗世界的場所，而慷慨分享你的家並不容易。你也許只想一個人待著，也許不想分享你的時間，甚至可能害怕你會依戀上這個人、最後卻要失去他，就像我們失去比爾一樣。

但勇敢的人認識到，他們可以藉由自己的家，用基督的愛去愛別人，勇敢的人慷慨分享他們的家，勇敢的人甚至與他人分享自己神聖的避護所。

不管是讓人們和你住在一起，或是邀請人們過來吃個飯，你都做到了！

當我長大之後，特別是在大學的時候，有一個家讓我覺得自己在那裡總是受歡迎的，你知道那種感覺嗎？我覺得自己好像有了另一個家，他們為我展示了一種不必把每件事都抓得那麼緊的態度，你不必那樣活著。

慷慨大方地分享你的家吧。

請某個人來你家吃晚餐。讓他或她與你的家人住一陣子，受到看護和照顧。

Day 86

你的擁有將影響你的周遭

要吩咐他們行善，多做好事，慷慨施捨，隨時濟助。
這樣，他們就是在為自己積存財寶，為將來建立堅固
的根基，好叫他們把握住那真正的生命。

—— 提摩太前書6:18-19

　　勇敢的人會把自己放下，然後去為他人服務；勇敢的人接
受神的賜予並慷慨大方地分享。朋友，無論你到哪裡，你所擁
有的資源都會產生影響力。

　　你的時間、你的金錢、你的才能。

　　這一週用你的雙手為別人服務，允許主帶領你找到那些需
要愛的撫觸的人，並給他們一個擁抱。

　　這個星期被你擁抱、撫觸和被你愛的人將會改變，因為你
擁抱他們，你用一種有形的方式向他們展現基督的愛。

　　你的家會因為有你在而顯得不一樣，你可以環顧四周、看
看你的家人和那些保護你的牆，把這個地方看成一個宣教場。

把你的家當作一個你可以愛、可以原諒、可以有所作為的地方。

讓我告訴你一個秘密（每當它顯露出來，我都確切知道它來自哪裡），我是個很自私的人。地球上有些人是天生的服務者，他們常常第一時間就會想到其他人，並盡其所能自願去服務，而且他們臉上都有一種特別的微笑。如果這說的就是你，那麼我祝賀你（我謙卑地想請你教我如何像你一樣），但那不是我，如果要我專心致力於照顧別人而不是關心我自己，我需要下很大決心才能做個選擇。

> 無論你到哪裡，你所擁有的資源都會產生影響力。

然而，我希望我所到的地方都可以被神的愛觸及。

你的財富，無論大小，都可以改變這個世界——透過擴展神的國度。

付出吧，朋友們，勇敢地把你自己、你想要的、你的錢財、你的時間放在第二位，這樣你所擁有的一切——神交給你管理的東西——都可以產生影響力，無論你去到哪裡。

 勇 氣 練 習 ....

列出你想要勇敢表現慷慨大方的方式。

❖

PART.11

勇敢待在
你所在之處

全心投入你所在
的每個地方

Day 87

你的神聖空間

上帝說:「不要再走近。脫掉你的鞋子!因為你所站的地方是聖地。

——出埃及記 3:5

　　在整部舊約中,我們可以看到神曾經到過的地方,這些地方都是神聖的。摩西(梅瑟)必須脫下涼鞋才能出現在神面前。

　　但我們有耶穌,聖靈就住在我們裡面,我們不再受舊約律法的約束,我們不必為了要和神在一起而需要進入一個會堂,我們不必脫鞋。當我們躺在床上、塗指甲油、摺疊洗過的衣物、將數字輸入試算表時,都可以和祂交談。

　　然而,正因為我們可以透過耶穌接觸天父,這個令人驚奇的方式很容易讓我們自滿而忘記神是神聖的、值得我們敬畏。

　　是的,我們可以在任何地方跟祂說話,但我認為設置一個神聖的地方與祂相處也非常重要,如果你不這麼做,就很難保持意識,我的意思是,我們畢竟是人類,所以可能會忘記神是

神,而我們需要對祂心懷崇敬。

你在家裡有一個特別的角落用來與神相處嗎?

對我來說,這特別的地方就是我的漩渦椅,它是卡其棕色(看起來幾乎像是低調的金色),點綴著

> 我們可以在任何地方跟神說話,但我認為設置一個神聖的地方與祂相處也非常重要。

很漂亮的黑色漩渦花紋,看起來像一張常見的漂亮椅子,但對我來說,它是神聖的、是特別的。

當我想和神說話的時候、當我讀祂的福音的時候、當我需要祂的時候,我就會到這張椅子上。

現在,它已經不是我唯一可以去的神聖角落,但它仍是個特別的地方。勇敢的人是有意識的人,你必須有意識地花時間與主在一起,不能指望不花時間與祂相處就能得到勇氣,與祂在一起是你能夠勇敢的主要原因。

找到你的神聖空間,那裡不必很花俏,你椅子上的漩渦花紋不必由真正的黃金製成,只需要在你家裡找個地方,讓它變得神聖。

勇 氣 練 習 ....

你有自己的神聖空間嗎?它在哪裡?它對你有什麼意義?如果你沒有一個對你來說感覺神聖的地方,為自己找一個!創造一個!

Day 88

你的每個當下

「你們要彼此相愛，像我愛你們一樣；這是我的命令。」

——約翰福音 15:12

傳教士吉姆‧艾略特（Jim Elliot）說過：「無論你在哪裡，全心地投入那裡。」

我認為這真的很重要。無論你住在哪裡、無論你在哪裡工作、無論你在哪裡閒逛，都全心地投入那裡。要做到這一點，有時我必須放下手機。

你最近這麼做過嗎？只是把你的手機放下、忽略它一段時間？

我們的文化受到「社群恐慌症」（FOMO，又稱「錯失恐懼症」）或「害怕錯過」的現象影響，以至於我們需要不斷檢查手機，臉書、IG、推特、電子郵件、簡訊，不想錯過任何事物……但在某些方面，當我的臉埋在手機中的時候，我想我真的錯過了一切。

神如此愛我們，祂給了我們祂的一切，祂要求我們愛別人像祂愛我們一樣。愛別人意味著與他們一起經歷痛苦，在他們的喜悅中與他們同在，也就是全心地投入那裡。

也許你不是重度使用手機的人，而是沉迷於電視或是某本書，你知道你想藉由它來逃避問題，雖然每個人都需要一些暫停時間，但不要沉溺其中，放下它。

> 愛別人意味著全心地投入那裡。

你有足夠的勇氣相信自己不會錯過任何事物嗎？你是否有足夠的勇氣相信，無論你在哪裡，你都可以全心地投入那裡，而且知道你就是要在那裡？

因為那就是事實。

想想那些散發著耶穌之愛的人，當你和他們談話時，他們有分心嗎？他們會同時處理不同的事務嗎？我敢打賭他們不會，我敢打賭他們全心地和你在一起，我敢打賭他們正積極地傾聽並特別為你禱告，因為他們有足夠的勇氣活在當下。

今天，帶著意識讓自己活在當下、在自己所在的地方。

 勇 氣 練 習 ....

如果你只是讓手機關機幾個小時、甚至一天，會怎樣呢？放下它，然後離開。當你認為你可能錯過了什麼事，注意是否會感到一陣痛苦，擁抱它！

Day 89

你和神見面的地方

歡躍吧，大地和天空。呼喊吧，海洋和其中的生物；
歡樂吧，田園和其中的產物。那時候森林中的樹木要
歡呼。

——詩篇 96:11-12

某天早上，我的心在頭腦清醒之前就醒來了。我的大腦像
在說著：「好姐妹，繼續睡吧！」我的心卻知道一些事情發生
了，而我有足夠的經驗知道什麼時候該聽內心那個小小的鼓動。

於是我站起身來、綁好鞋帶、走到海邊、爬上南加州紐波
特海灘的52號救生員塔。我問神有什麼重要的事，好像我們有
些事必須好好討論一番，所以祂才刻意讓我這樣清醒過來。

然而什麼也沒有。

沒有目的。

沒有主題。

只有我和神。

只是坐著，只是和神在一起。

我放了一些布萊恩與珍強森（Brian and Jenn Johnson）專輯裡的讚美歌，然後眼淚從我的眼睛裡湧出來。因為經過這麼多年之後，有時主叫醒我只是為了出去散散心，真的讓人感覺很甜蜜。

> 沒有什麼比得上來到神所創造的地方與祂相遇，更讓我感動。

那個早晨，我在大自然中與神相遇，祂展現在大自然中的創造力在我靈魂的深處滋養著，我看著那片祂只是說了一句話就創造出來的無邊無際的海洋，而我記起了祂有多愛我。

祂的愛使我勇敢，而沒有什麼比得上來到神所創造的地方、來到大自然中與祂相遇，讓我更感動。

當我在家鄉的時候，我經常去拉德諾湖，那裡很漂亮，而每次散步在那些小徑上時，我的心都忍不住感動崇敬。

花點時間待在神所創造的地方，那會讓你更勇敢。你可以勇敢，因為你屬於神。今天，即使只是走出你的辦公大樓坐在一顆樹下，花點時間待在神創造的地方，記得你是如何地被愛著，而你可以更勇敢一點。

勇 氣 練 習 ⋯⋯⋯⋯⋯⋯⋯⋯⋯⋯⋯⋯⋯⋯⋯⋯⋯⋯⋯⋯⋯⋯⋯⋯

買張布萊恩與珍強森的《經過這些年之後》（After All These Years）專輯，你會喜歡那張唱片的！走到外面、走進大自然，讓音樂在你的耳裡播放。

Day 90

你的家

弟兄姊妹們，上帝選召你們，要你們成為自由人。只是不可用這自由作放縱情慾的藉口，卻要以愛心互相服事。

——加拉太書 5:13

我活得越久，就越明白勇氣看起來常常像是一種犧牲和服務。特別是在那些最讓你感到舒適的地方，有時，你必須在那裡為別人付出一些額外的東西。例如家是我們得以休息的地方、可以讓我們找到安寧平靜，所以當你從家裡分享付出，在家裡做些犧牲，就是一種最深切的奉獻，而我覺得那很勇敢。

當我從蘇格蘭搬回納什維爾時，我沒有地方住。

我所有的物品都放在納什維爾西部某處的儲藏室裡，我不再擁有任何地址。當時是感恩節，我計劃在耶誕節前後找到住的地方。

在前一年夏天離開納什維爾前，我和朋友路克與海瑟開玩

笑說，等我回來後要搬進他們家。而秋天的某個時候，路克跟我說當時那個玩笑是認真的，他們歡迎我在找房子的過程中和他們住在一起幾個星期。

我打擾了他們的生活，在他們兩個人的家庭生活中插進了一個人，但我需要一把鑰匙、一張床、一間浴室和網路。

離開到國外生活六個月後再回到國內，我擔心逆向的文化衝擊，這是確實會發生的事情。當你被外國文化包圍，試圖讓它成為你自己的文化，然後回家，這會導致一個

> 家是我們得以休息的地方，所以當你在家裡做些犧牲，就是一種最深切的奉獻。

正常的人失去一點理智（我平常就不太理智，所以你也得把這一點考慮進去）。

然而，和路克與海瑟住在一起，是我經歷過最舒適、最溫暖、最友好的過程。我們一起裝飾聖誕樹，然後滿身大汗地一起看了場電影，再步行到附近新開幕的燒烤餐廳吃飯，事實上，當時另一個朋友亞當也來和我們住在一起，所以我們在那個節日裡成了一個四口之家。

我認為路克和海瑟的犧牲，把我從重新適應納什維爾和美國生活的痛苦中拯救出來，真的。

當元旦來臨，我還沒找到住的地方，從借住幾週不小心變成了幾個月，直到二月中旬我才收拾好東西，搬到街上另一間房子裡。

路克和海瑟從不曾抱怨，我們有很多次開誠布公地談論

過這件事，但他們只是不停地付出 —— 他們的空間、他們的時間、他們的金錢、他們的心。

讓一個不是你家人的人住在家裡是勇敢的。

那麼，你要如何在家裡為與你一起生活的人展現勇氣呢？你會邀請某個人與你住在一起一段時間嗎？你有足夠的勇氣善待你的配偶嗎？你會從洗碗機裡取出洗好的碗盤並整理乾淨嗎？即使那是別人應該做的事；你能一直負責把垃圾拿出去倒嗎？你認為哪些事情可以讓你在自己家裡付出、變得勇敢？

你有足夠的勇氣去尋找屬於你的地方嗎？即使屬於你的地方就在這裡？即使屬於你的地方就在你家裡？

 ....

為了你的家、為了你住的地方而感謝神，並問祂在你居住的房子裡，你可以如何展現勇氣？

Day 91

你的鄰人

「第二是:『你要愛鄰人,像愛自己一樣。』沒有其他
的誡命比這些更重要的了。」

——馬可福音 12:31

耶穌說除了愛神之外,第二大誡命是愛你的鄰人。而我的
問題是:會不會耶穌真正指的是你身邊的人呢?

我們當然可以把這節經文的意思解釋成「所有其他的人」,
例如我們那些住在鄰國的「鄰人」,或是那些跟你一起排隊結帳
的「鄰人」等等,諸如此類。

但是,你還有真正的「鄰人」——那些存在你周圍、活生
生的人們,他們需要希望、需要知道可以在耶穌中找到希望。

那麼這些鄰人是誰?他們是健身房裡遇見的媽媽,他們
是你學校裡的人,當你走出前門、轉個360度的圓圈所看到的
那些人,就是他們。你認識他們嗎?他們是誰?他們以什麼為
生?你可以怎麼為他們服務?如何關心他們?

我爸爸一輩子都活在他的信念中,他相信人應該關心離自己最近的人。

他兒時最好的一個朋友獨自撫養了三個男孩,爸爸經常會幫忙帶那些孩子出去吃飯,或帶我們和他們一起出去玩。爸爸為許多家庭做會計工作,即使他們負擔不起或無法支付他(雖然我們偶爾會收到一些新鮮的農作物作為回報)。爸爸曾經和我的一個朋友碰面,當時她剛失業,不知道沒有了收入該怎麼辦(我有沒有提過爸爸超級聰明,每個人都希望得到他的建議?)。

> 你可以勇敢地去看看周圍的人,不要只是與他們擦身而過。

爸爸用他的時間、金錢和智慧為我們當地的社區服務,那比擔心我們自己的家庭還要容易些。相信我:我們一家人已經讓他操很多心,然而他卻可以去關心更多家庭,並盡己所能幫助他們。只顧好自己的公司會容易些,但他選擇關心別人和他們的生計。

你的鄰人有沒有因為你住在那裡而變得不同?你可以勇敢地去看看周圍的人,不要只是與他們擦身而過,你可以勇敢地為他們服務、愛他們。神會藉由你,在這個黑暗的世界裡,讓你像光一樣活出你的使命。

 勇 氣 練 習

把自己介紹給一個你還不認識的鄰居,或是和住在你附近的人交個朋友。

Day 92

你的城市

「你們要為那些我放逐你們去的城市謀福利，為它們的
繁榮向我祈求；他們繁榮，你們才能繁榮。」

——耶利米書（耶肋米亞）29:7

神安排你到你所在的城市是有其目的的，即使你現在希
望可以住在別的地方、即使你只有一季的時間待在一個軍事基
地、即使你有更大的夢想。愛你所在的城市是什麼感覺呢？

為什麼你會來到地圖上的這個地點？為什麼在世界上所
有的城鎮中，你會選擇那個小鎮作為你的家？也許你並沒有選
擇，也許是那個地點選擇了你，但總之你在那裡。

當你想起自己這個人的所有拼圖碎片時，你地址中的郵遞
區號是其中一個重要的部分。

當我還是個高中三年級學生時，曾站在哥斯大黎加的科爾
提斯城鎮廣場中央，透過翻譯和往來的人鮮分享福音，然而我
在家鄉喬治亞州的高中時期，有一個最好的朋友並不是信徒，

我卻從來沒有和他談論過耶穌。

為什麼有時候在自己家鄉談論耶穌需要更多的勇氣？為什麼我更願意報名參加墨西哥之行，而不是在納什維爾市中心為無家可歸的人服務？

因為在家鄉，勇氣表示你要去服務。

當我帶領的大學生團契小組要慶祝組成一週年時，我們決定上街去服務。

我們來到納什維爾市中心一座大型天橋上，橋下有許多人聚集，一個福音樂隊正在演奏，用的是那種會傷害耳朵的音響系統（像是80年代旅行傳教士會用的那種）。許多無家可歸的人坐在一排排的椅子上，而每個人大腿上都擺著一盤食物，志願義工們來來去去穿梭其間，確保每個人都有拿到食物。

愛你所在的城市是什麼感覺呢？

這個服務活動每個星期二晚上在我們鎮上舉辦，由布里奇外展事工組負責餵飽每個無家可歸的男人、女人和孩子，讓每個人都可以享用豐盛又健康的一餐，活動最後是讓人們分享神如何改變了他或她的生活。當結束離開時，每個人都帶著滿滿一袋由當地雜貨店捐贈的新鮮農產品。

小組成員和我以前從未參加過，但我們的教會每個月一次在星期二晚上會前往那裡，所以我們知道這是一個受人尊敬的事工活動。

女孩們很緊張，像小雞一樣在我附近團團轉了幾分鐘，但

後來她們都可以加入其他志願者的行列開始服務。端送餐食、幫助人們找到座位、活動結束時分發水果、蔬菜或大袋麵包。我們在那裡只待了幾個小時，但這個經驗在我們所有人心中存留了更長的時間。

到一個新的地方上街服務需要勇氣，我為我的女孩們可以勇於投入而感到驕傲，她們從不知道自己會經歷這樣的事情。

你也可以在這裡展現勇氣，就在你的城市裡。

在你所在的城市裡做義工，以某種方式為你居住的地方服務。

Day 93

你的國家

人人都應該服從國家的權力機構，因為權力的存在是
上帝所准許的；當政者的權力是從上帝來的。

——羅馬書 13:1

我寫這篇文章的時候，剛好是在美國歷史上一個奇怪的時
刻，川普剛剛當選為美國總統，而整個國家充滿了對這個結果
感到不滿的人（公平地說，也有許多人很高興）。

有些人不高興是因為他們不想讓川普成為總統，有些人票
投給他只是因為他們覺得自己沒有更好的選擇，甚至他的支持
者也不完全開心，因為他們要對抗來自反對方的憤怒，似乎沒
有人感到非常快樂。

這個國家現在已經分裂了，但是讓我們看看神所說的話，
我們看到勇敢的人會信任神，無論誰擁有權力或不擁有權力，
都自有安排。

川普獲勝的第二天，深夜秀（Late Show）主持人史蒂芬，

科伯特（Stephen Colbert）說過這樣的話：「你的國家就像你的家人——你不會只是因為不開心就離開。」

> 勇敢的人相信，神對於誰擁有權力或不擁有權力，都自有安排。

這對你來說意味著什麼？你是一個希望國家與眾不同的美國人嗎？或者你生活在一個基督徒徹底受到迫害的國家？

不管你們國家的政府現在是什麼樣子，你都可以勇敢地面對它。

即使你不同意你的國家領導人所做的一切，勇敢地留下來或勇敢地尊重你自己的國家，那會怎麼樣呢？

勇敢就像是禱告、祈禱你的領導人可以走向基督，勇敢是愛你們國家的人民，並堅持你在聖經裡得到的價值觀。

無論你在讀這本書時的政治狀態如何，你都可以勇敢地面對它。繼續往前吧，朋友！

為你們國家的領導人禱告。

Day 94

你的世界地圖

他對他們說：「你們要到世界各地去，向全人類傳福音。」

—— 馬可福音 16:15

　　你去過宣教旅行嗎？你離開過你的國家去其他國家宣揚關於耶穌的事嗎？如果沒有，我強烈建議你這樣做。你需要去看看世界上其他地方，因為你需要看看他們如何看待神。

　　生活在地球上每個城市裡的人們，都是像你一樣的男人或女人、像你的兄弟一樣的年輕小伙子、像你最好的朋友一樣的父母親、像那個給你化學成績A（即使你可能沒那麼好）的那位老師。現在地球上有將近70億人，每天大約有35萬個嬰兒出生，幾乎是整個阿拉斯加人口的一半，那真的是很多人。每個人都有一個名字、一張臉、一顆需要聽到關於耶穌的好消息的心。

　　我不在乎你去宣教六天還是六個月 —— 當你進入這個世界的時候，你是在用你的生命換取一種異鄉的生活經驗，而這需

要勇氣。

如果我們希望看到神在全世界展現榮光，我們就需要勇敢地看清楚關於勇氣的一切形式。我們需要做「一件事」，雖然今天我無法看穿你的生命並告訴你那是什麼事情，但我很明白，你十五歲做出的勇敢決定，將會影響你在二十五歲時做出的勇敢選擇——雖然它們和你在三十五歲或五十五歲時所要面對的勇氣狀況，可能有所不同。

如果你從未離開過，去吧；如果你從來沒有經歷過周圍沒有人說你的母語、和你有同樣膚色，你就應該要去經驗，你很需要那種經歷，因為你需要看到世界真的很大，而且非常多樣。也許神看起來完全不像你一直以來認

> 你需要看到世界真的很大，而且非常多樣。

知的樣子，那是因為世界上有很多具有不同樣貌和不同聲音的人，而所有這些都是以祂的形象創造出來的。

存下你的錢，籌集資金，與宣教組織或非營利組織聯絡，勇敢地寄出第一封電子郵件，上面寫著：「我能和你們一起去非洲嗎？」或「是的，我想跟宣教團前往墨西哥。」

用各種方式擴展你的地圖，因為如果你去到那些從未去過的地方，你會見到神，感覺就像你從未見過祂一樣。

 勇 氣 練 習 ....

考慮去參加你當地的教會或其他宣教組織所進行的宣教之旅。

Day 95

耶路撒冷

要為耶路撒冷求和平：願愛你的人都興旺。願你城裡
有和平；願你宮裡有安全。

——詩篇 122:6-7

　　我去過耶路撒冷兩次，真的非常喜歡這個城市——無論是
舊城區還是新城區，感覺都很神聖，它和從前一樣古老，卻有
新鮮的東西融合在其中，食物也很好吃，鋪著鵝卵石的街道兩
旁呈現重要的歷史樣貌，店家們都非常友好，真是一個美麗的
地方。

　　而且耶穌也曾經在那裡。

　　神透過聖經向我們提到這個城市，祂告訴我們要為耶路撒
冷的和平禱告，耶路撒冷是唯一一個神特別要求我們為它禱告
的城市。

　　所以我們應該要這麼做，我們受神的要求，要為耶路撒冷
的和平禱告。

在〈創世記〉第12章中，神承諾會祝福那些祝福以色列的人，而會詛咒那些詛咒它的人。

耶路撒冷不只是聖地、猶太人的生活中心，在〈使徒行傳〉1章11節及〈撒迦利亞書〉（匝加利亞）

> 耶路撒冷是唯一一個神特別要求我們為它禱告的城市。

14章4節中，都曾預言耶路撒冷是基督再度降臨的地方。

禱告是我們與神最直接的連結方式——你的聲音可以直接傳到祂耳裡。我沒有任何關於禱告的特別秘密方式，我也不明白為什麼它有時似乎「有效」，有時又沒有用。我可以為你列出這麼多年來我曾經禱告過的事，但仍然不明白神對它們到底做了什麼。

我們前面已經談過禱告的力量了，那是真的，禱告可以改變一切。

所以，當你為你的家、你的鄰居、你的城市、你的國家和世界禱告的時候，也為耶路撒冷禱告。為那些信仰受到迫害卻仍然勇敢的人們禱告，為覺醒禱告，禱告吧。

 勇 氣 練 習 ．．．

將耶路撒冷加到你的禱告清單中，為耶路撒冷的和平禱告。

PART.12

勇敢到最後

勇敢的選擇
總是會產生漣漪效應

Day 96

耶穌曾經很勇敢

「如果世人憎恨你們，你們該曉得，他們已先憎恨我了。」

——約翰福音 15:18

我現在三十多歲了，和耶穌生活在地球上的時間大致相同。想起來真的太瘋狂了，我和耶穌都經歷過二十多歲的時期——他沒有犯錯和遺憾，我則包辦了所有該犯的過失。當你和耶穌同齡，他曾經也是人的事實就變得非常真切。

當你一直以來只把耶穌視為神聖，就會忽略耶穌曾經也是普通人的這個事實。所以，當我的頭腦和心靈開始同時去想像這兩種不同的性質時，一切都不一樣了。

我意識到耶穌是多麼地勇敢，他辭去了一份穩定的工作、離開受尊敬的生活，成為無家可歸的流浪漢，在以色列一帶遊蕩了三年，談論關於神的國度。

我無法想像我的朋友們會像彼得（伯多祿）對待耶穌那樣狂熱地追隨我，我也無法想像教會領袖以恨耶穌的方式恨我，

我無法想像自己也能做出像他那些勇敢的行徑，無法想像自己不認識他，我很高興自己現在認識耶穌。當我距離他的年齡愈近時，事情就開始有了變化，我開始以不同的方式認識他。我看他就像是看著我的一個朋友、和我常常一起出去玩的年輕小伙子一樣，他不再是個成年人在做成熟的事情——他是個同齡的夥伴。

> 世界憎恨耶穌，但他還是勇敢為世界獻出了生命。

那點燃了我的勇氣之火，當我想起耶穌在這個年齡做了一些非常勇敢的事情——就在我現在所處的狀況、像我一樣單身、像我一樣只是個普通人。他沒有犯任何罪，不像我，但他受到的誘惑卻像我一樣多，卻願意為我承擔風險。

他要求他的門徒放棄一切追隨他，他也要求我們做一模一樣的事情，追隨他，勇敢地活出生命，就像他活出了他的生命一樣——為一個充滿傷害、充滿敵意的世界傾注自己生命的全部。世界憎恨耶穌，但他還是勇敢地為世界獻出了生命，這是多偉大的愛啊。

耶穌到底是誰、他在地球上做了些什麼？那個真相——來到這個世上承擔我們罪孽的神之子——是這個星球上曾經出現過最勇敢的見證。

 勇 氣 練 習 ···

感謝你在聖經中所讀過、關於耶穌曾表現出的所有勇氣。

Day 97

耶穌一直是勇敢的

後來，我看見天開了。看哪，有一匹白馬，騎馬的那
位稱為「真實」和「可靠」；他根據正義來審判和作戰。
——啟示錄（默示錄）19:11

你剛剛讀了上述的經文嗎？雖然那還沒發生，但你應該已
經察覺到了，對吧？耶穌回來了，但不是以一個弱小嬰兒的姿
態出生，而是以一個強大的王中之王、主中之主的身分。

雖然嬰兒耶穌也是勇敢的，但那個嬰兒耶穌已經來過這
裡、帶著把我們從罪惡中拯救出來的使命，他已經完成了那美
好的工作，他死了、又復活了。

耶穌還活著，直到今日還在為我們的福祉而努力，他仍會
作為一位謙遜的君王來到地球，但是當他回來時，他的使命會
有所不同。他會回來斷然地審判罪惡，摧毀那個讓世界如此破
碎和痛苦的敵人。

看啊，耶穌不只是在過去很勇敢，今日的耶穌一樣很勇敢。

　　耶穌知道我犯了大錯，為此，他獻出了他的生命，我很感激這樣的救贖。而一次又一次，我請求耶穌的原諒和救援，他總是大方賜予。你永遠不會買一輛每次試駕時都會爆胎的車，你也會停止去那間每次都送錯餐的餐館吃飯，然而耶穌卻總是會為我做些什麼，即使我總是爆胎、總是弄錯他

> 耶穌仍會作為一位謙遜的君王來到地球，但是當他回來時，他的使命會有所不同。

給的指令、總是犯錯和反反覆覆地失誤，但他甘願為我冒險，也為我冒了風險。

　　〈約翰福音〉3章16節的內容說明了一切：神如此愛你，以至於祂放棄了自己的兒子，如此，你的罪就永遠無法將你從祂身邊分離。神是神聖的而我們是罪人，但耶穌銜接了那道鴻溝，他的死和復活清理了我們通往神的道路。

　　他的復活證明他是神 —— 他有能力戰勝死亡，而他對我們罪孽的寬恕是真實的！

　　耶穌深深地愛著你、深刻地理解你，並且做到寬容、寬容再寬容這艱難的承諾，一次又一次。耶穌是勇敢的，而他讓你也變得勇敢。

 勇 氣 練 習 ....

感謝神一次又一次為你甘冒風險，感謝耶穌的墓沒有阻礙他，讓他可以復活並成為一位依然在世的君王。

Day 98

你生而勇敢

> 大衛王對他兒子所羅門說:「你要堅強勇敢!你現在動工,不要害怕,也不要沮喪。我所事奉的主上帝與你同在;他不會丟棄你,他要與你同在,直到你完成建殿的工作。
>
> ——歷代志(編年紀)上 28:20

我們在〈歷代志上〉第28章中看到父親對兒子的談話,那是多麼偉大的演說啊,真理由父親傳承給孩子。

而這也是聖經為我們所做的。你知道嗎?我們讀聖經,就像我們的爸爸在和我們說話一樣,那內容所述說的正是大衛對所羅門說的話:「孩子!堅強點!勇敢一點。為什麼?因為我和你在一起。」

祂和你在一起,你現在看到了嗎?你離完成100天的勇氣旅程還有兩天。兩天!

你看到神把你創造得多麼勇敢嗎?耶穌曾經是勇敢的,從

生到死，而今日耶穌仍然是勇敢的。我們看到他為我們創造了一種模範，從他在地球上的生活方式到他今天愛我們的方式。

> 勇氣不僅僅是為強大的戰士所有，它也為你而存在（因為你正在變得勇敢）。

你的生活中沒有一個領域是不能被勇氣感動和改善的，如果你回顧自己在這本書裡花的時間，以及在神的話語中度過的時間，你是否看到了呢？

勇氣不僅僅是為強大的戰士所有，它也為你而存在（因為你正在變得勇敢）。它是為了你和神之間的關係、為了你的夢想、你的使命和你的工作而存在，它是為了你和人們之間的關係而存在。

在由對生命所有的變化時，你可以勇敢；面對痛苦，你可以勇敢；你可以勇敢地面對你的健康、勇敢地使用你的錢財；無論你在哪裡，都要勇敢！

你的神不會離開你也不會拋棄你，正因為你知道這一點，所以你可以勇敢。

 勇氣練習

在過去的幾個月裡，你看到在你生命中最大的變化是什麼？

Day
99

你總是很勇敢

來吧，來看上帝所做的大事；來看他在人間的奇妙作
為。

——詩篇66:5

還記得這本書第三天的內容嗎？你也許不記得了，那好像
已經是很久以前的事，看看你已經跟我一起經歷勇氣旅程有多
久了！

先回到第三天，我跟你說我要搬去納什維爾，而當我邁出
勇氣的第一步時是多麼不勇敢。

我告訴過你，我從未覺得自己很勇敢、從來沒有經歷過極
端勇敢的一刻，或相信那會是我做過最好的決定，我只是不斷
地完成神為我安排的下一件事。

當你開始了這100天的旅程時，我打賭你是在挑戰自己，
邁出勇敢的步伐，然後總是感到害怕。但回頭看看，朋友，翻
閱這些頁面，看看你有多勇敢。

你總是很勇敢，我早就知道，但你可能並不覺得自己勇敢。你現在看到了嗎？你看到你比自己所知道的更勇敢了嗎？你實現了一些夢想，你已經完成了以犧牲奉獻去愛別人的辛苦工作。

> 你總是很勇敢，我早就知道，但你可能並不覺得自己勇敢。

你甚至選擇為你的生活添加更多蔬菜，我為你感到驕傲。今天你比第一次打開這本書時所想像的自己還要勇敢。

我真的為你感到驕傲。

我要你用這一天來省思神的所作所為，回想一下祂為了你、在你的內在，以及在你周圍的人身上所創造的令人讚嘆的奇跡。

你勇敢的選擇有了漣漪效應，勇敢的人激勵他們周圍的人，讓他們周圍的人也變得勇敢。

你了解你自己，就像我了解我自己一樣。我們展現任何勇氣所產生的榮耀都直接歸於耶穌，他是勇敢的，而他造就了我們，他創造和展示了勇氣。在這裡，我們的旅程已經結束，卻開始了一個新的心態。

你比你知道的更勇敢。

 勇 氣 練 習

拿起你放在浴室裡的白板筆，在鏡子上寫下：「我比我體認到的自己更勇敢，而今天我會證明這一點。」

Day 100

讓我們都勇敢一點

上主——你的上帝與你同在；他的大能使你得勝。他要因你歡悅；他的慈愛要賜你新生命。他要因你喜樂歌唱，

——西番雅書（索福尼亞）3:17

　　如果你有在社群網站上訂閱或追蹤我，或者你曾在工藝品店與我擦身而過，就會知道我有多喜歡閃閃發光的東西，特別是五彩色紙拉炮。

　　我愛它們，因為它們給人快樂、漂亮、歡慶和驚嘆的感覺，也因為它們提醒了我為什麼勇氣如此重要。是這樣的：我的勇氣對其他人會產生影響，那效果就像我對著你拉開五彩色紙拉炮一樣，讓你的生命變得與眾不同，變得更好、更神奇。

　　你的勇氣也會影響別人，就像五彩色紙拉炮一樣。當你鼓起勇氣拉下繩子，用五彩火花歡慶的時候，其他人會覺得自己也能分享那飛散四處的五彩色紙。

他們看到你之後會想：「我也想這樣做！」

在你的生活中做出勇敢的選擇將會改變世界，至少，那會改變你的世界。而我不敢限制你在這個星球上要做什麼，你的生命是對耶穌受苦難的回報——你那些勇敢的「Yes」、那些勇敢的「No」、堅持、放手、去那裡、待在這裡、一切的一切。

> 做出勇敢的選擇將會改變世界，至少，那會改變你的世界。

我希望你已經做到了，我希望你已經邁出了第一步。因為我確信（我很少能對一件事情這麼肯定）你的夥伴們正在等待著、而你的神也滿心期待地注視著你，想看看你的生命地圖將引導你到哪裡去。

今天我為你的平安寧靜禱告。

還有為你的快樂、希望、勇氣——能夠深刻改變你生活方式的那種勇氣——而禱告。

所以，拿好你的地圖、握緊天父的手，讓我們都勇敢一點。

勇氣練習

我想你可能需要去買一個五彩色紙拉炮，然後拍一張五彩色紙噴散在空中的自拍照！將圖片發布到網站上，並加上標籤 #100 天勇氣練習。

致謝

首先，謝謝你，我的讀者朋友們。謝謝你和我一起走過這段旅程，這真的比你所知道的還有意義，我每天寫作、編輯、策劃和做夢時都想到你，一直以來這些都是為了你。

為了寫這本書，要選出一些最心愛的生命片段，並把它們添加到新寫好的文章中，真的多虧很多人的協助。我很幸運能和Harper Collins Christian Publishing出版社的團隊一起工作，蘿拉、莫莉、卡莉，你們都是最棒的，謝謝你們。

史嘉莉・希堤比達，感謝你為我和這些文字所花的時間。丹恩・霍洛蒙，感謝你和我一起完成了編輯的辛苦工作，我會永遠感激，因為有你，這本書才能成為最好的。

提姆、漢娜、史蒂芬妮、邁克——謝謝你們幫助這本書盡可能地推廣到更多的朋友手中。從封面設計（亞當，你是我的英雄）到文字編排、到禱告文的挑選，我很感激不必獨自一個人完成。

感謝麗莎・傑克森使這一切工作如此順利。當我深陷在文字寫作中時，感謝凱蒂、伊莉莎和愛波（還有海爾！）幫忙我處理各種事務，感謝他們和我團隊的其他成員——布萊恩、海瑟、貝基、布萊恩、艾米莉、凱利、查德、萊、肖恩、派翠

克——沒有你們，我就會成為一艘下沉的船，謝謝你們做我的風帆。

致我的家人和朋友、我的夥伴，以及那些忍受我這種無法預期的瘋狂生活的人們，謝謝你們在這裡。

感謝耶穌。你又救了我一次，而且你一直拯救我。當我覺得在所有這些書頁、在我的故事與生活、在我要求讀者朋友更勇敢一點的同時卻感受不到你時，我很感激你總是會出現，我很感激你不難找到。你讓我勇敢，我永遠愛你。

國家圖書館出版品預行編目資料

為自己，再勇敢一次：一日一練習，100天揮別恐懼感，喚醒全新的
　自己/安妮‧唐絲（Annie F. Downs）著；尤可欣譯. -- 初版. -- 臺北
　市：啟示出版：英屬蓋曼群島商家庭傳媒股份有限公司城邦分公司
　發行，2021.10
　　面；　公分. -- (Soul系列；60)
　譯自：100 Days to Brave : Devotions for Unlocking Your Most
Courageous Self

ISBN 978-986-06832-7-1 (平裝)

1.基督徒　2.自我實現　3.生活指導

244.98　　　　　　　　　　　　　　　　　　　110015913

Soul系列060

為自己，再勇敢一次：一日一練習，100天揮別恐懼感，喚醒全新的自己

作　　　者／安妮‧唐絲 Annie F. Downs
譯　　　者／尤可欣
企畫選書人／周品淳
總 編 輯／彭之琬
責 任 編 輯／周品淳

版　　　權／黃淑敏、江欣瑜
行 銷 業 務／周佑潔、黃崇華、華華、賴正祐
總 經 理／彭之琬
事業群總經理／黃淑貞
發 行 人／何飛鵬
法 律 顧 問／元禾法律事務所王子文律師
出　　　版／啟示出版
　　　　　　臺北市 104 民生東路二段 141 號 9 樓
　　　　　　電話：(02) 25007008　傳真：(02)25007759
　　　　　　E-mail:bwp.service@cite.com.tw
發　　　行／英屬蓋曼群島商家庭傳媒股份有限公司城邦分公司
　　　　　　台北市中山區民生東路二段141號2樓
　　　　　　書虫客服務專線：02-25007718；25007719
　　　　　　服務時間：週一至週五上午09:30-12:00；下午13:30-17:00
　　　　　　24小時傳真專線：02-25001990；25001991
　　　　　　劃撥帳號：19863813；戶名：書虫股份有限公司
　　　　　　讀者服務信箱：service@readingclub.com.tw
　　　　　　城邦讀書花園：www.cite.com.tw
香港發行所／城邦（香港）出版集團
　　　　　　香港灣仔駱克道193號東超商業中心1F E-mail: hkcite@biznetvigator.com
　　　　　　電話：(852) 25086231　傳真：(852) 25789337
馬新發行所／城邦（馬新）出版集團【Cite (M) Sdn Bhd】
　　　　　　41, Jalan Radin Anum, Bandar Baru Sri Petaling, 57000 Kuala Lumpur, Malaysia.
　　　　　　電話：(603) 90578822　傳真：(603) 90576622
　　　　　　Email: cite@cite.com.my

封 面 設 計／徐璽設計工作室
排　　　版／極翔企業有限公司
印　　　刷／韋懋印刷事業有限公司

■ 2021 年 10 月 28 日初版

Printed in Taiwan

定價 340 元

城邦讀書花園
w w w . c i t e . c o m . t w